SCREENPLAY

Business English in Movies

改訂版

~映画で学ぶビジネス英語~

TOEIC®形式
演習付

BUSINESS ENGLISH IN MOVIES

著者
Tomoyuki Tsuruoka
Matthew Wilson
Tomoko Hayakawa

【 まえがき 】

　映画は、耳だけでなく視覚的に英語がどのような場面で使用されるのか文脈（context）の中で学ぶことができるので、学習教材としてとても優れています。映画を英語学習教材として使用する具体的な利点は以下のとおりです。

- （総合力向上）映画を見ることで語彙力、表現力の向上に充分活用できる。
- （動機付け）　多くの学習者にとって興味の持てる映画を教材として使用することで、英語学習への意欲が高まる。
- （実践性）　　映像シーンを実際に見ることにより、その使い方（発音、アクセント、ジェスチャー、表情など）が context の中で理解でき、かつ映像（視覚及び音声認識）と共に記憶に残るため、文字情報のみよりもはるかに定着しやすい。
- （文化理解）　映画を通して米国のビジネス及び生活習慣等も学ぶことができる。

　一般的に学校の授業で使用されている英語教材は、音声が英語のネイティブスピーカーにより録音されていても、カジュアルな英語はあまり学ぶことができません。映画には「くだけた表現」「業界用語（jargon）」「スラング」「流行語」などコミュニケーションにおいて大切であるにもかかわらず、通常のテキストや学習書では学ぶことができないたくさんの要素が含まれています。よく教材広告で「英語は 24 時間で身に付く」とか「聞き流すだけで英語がスラスラ口から出るようになった」といったキャッチーな表現を見かけますが、日本で育ち、日本の普通の中学、高校で英語を学び大学に入学した大学生や社会人の方々にとっては、私の経験からそれは絶対にありえないことです。英語は日本語と言語構造が全く異なるために、我々日本人にとって実は習得することが難しい言語です。大学生に英語学習に関するアンケートをとると「洋画を字幕なしで理解できるようになりたい」という回答がよくあります。しかし実際に映画を観るとなると、TOEIC900点以上、英検 1 級合格者であっても、映画を字幕なしに理解することは、容易なことではありません。なぜならネイティブが日常的に使うナチュラル英語は単語の最後の子音と、次の単語の最初の母音がつながって発音される、単語の最後の子音と次の単語の最初の子音が同じか似ている場合に、最後の子音が飲み込まれるような感じで脱落するなど様々な理由があるからです。また相手の文化的背景を知らないと理解できない内容も多く含まれているからです。

　私たち日本人が英語を理解するためには、耳からだけでなく、スクリプトを見て単語を覚え、またその言葉の背景に関する知識を増やしながら理解力を高めることが実践的な方法です。そしてその学習過程で最も適したツールの一つが、日本語のスクリプトが付いた映画教材なのです。本書は、出版元であるスクリーンプレイが長年手がけてきた名作映画から題材を厳選し、ビジネスの場面で実際にはどのように使われるかをできる限り抽出するよう努めました。本書で学習するのみならず、映画の DVD とスクリーンプレイシリーズのスクリプト本を同時に入手されることをお勧めします。

　最後に、ティーチングアシスタントとして本書作成のために献身的にサポートしてくれた宮城大学食産業学部フードビジネス学科の齋藤美帆さんに感謝の意を述べたいと思います。

　本書が、多くの方々の英語学習書として広く使用され、効果を上げる一助となることを祈っています。

平成 26 年 9 月吉日

著者　鶴岡　公幸

【 本書の特徴 】

　映画を題材にした英語テキストは数多くありますが、ビジネス英語に焦点を当てた教材はごくわずかです。また TOEIC®対策用のテキストも多数ありますが、そのコンテンツ（内容）は、ビジネスレター、求人広告、製品の紹介など学生にとってあまり興味の持てるものではありません。そこで、従来にはなかった理想的な教材として映画を使用した上で、映画の内容に関連したビジネス語彙を楽しみながら自然に学べる TOEIC®形式の演習をマッチングさせることで、TOEIC®のスコアアップにも直結するビジネス英語テキストを作成したい、というのが本書を作成する出発点でした。
本書のセールスポイントは以下のとおりです。

　１．ビジネス用語をテーマ別、場面別に幅広く学ぶことができる。
　２．本書で紹介される映画は、映画史に残るビジネスシーンの代表作であり、教養としても知っ
　　　ていれば話題としてネイティブとの会話で活用できる。
　３．TOEIC®形式の問題を入れることで社会人、学生のキャリアニーズにもマッチする。

【 目　　標 】

　加速するグローバル経済環境の中で、ビジネスで頻出する英語の基礎能力を養成することを目標としています。映画のビジネスシーンを中心に構成された教材をテキストとして使い、語学力のみならず、ビジネス慣習、産業、生活、社会、文化といった分野に至る幅広い知識を学びながら、ビジネスで頻出する英語表現を学んでいきます。なお各章で取り上げられている映画とそのシーンについては以下の点に留意しました。
　①暴力シーン、セックスシーンのないこと
　②政治・宗教など信条とは関連しないこと
　③男女・民族・人種など差別的でないこと
　④スラングが多用されていないこと
　⑤主役が男女を含めて数名いること

　本書を大学のクラスで使用する際には、備え付のスクリーン、プロジェクター、音声を再生できる PC があったほうがよいでしょう。以下に授業（90 分）の構成サンプルを提示します。

授業の構成案	
・小テスト（前回の授業で取り上げた重要表現などの理解を試す）	10 分
・小テストの解答と解説（前々回実施した小テストの返却と講評）	10 分
・映画シーン①	20 分
・映画シーン②とリスニング演習	20 分
・リーディング演習	15 分
・文法・ボキャブラリー チェック	10 分
・映画の中の気になる表現	5 分
	約 90 分

【 目　次 】

【 各章の構成 】

頁1：表紙（ストーリー、英語学習のポイント）
頁2：映画シーン①
頁3：リスニング演習　　［Part 3形式］
頁4：映画シーン②
頁5：リーディング演習　　［Part 7形式］
頁6：文法・ボキャブラリーチェック　　［Part 5形式］
頁7：同上
頁8：映画の中の気になる表現

第1章

原題：Working Girl
監督：Mike Nichols
出演：Harrison Ford /
　　　Sigourney Weaver /
　　　Melanie Griffith
会社：20th Century Fox
制作：1988 年

ストーリー

　1988 年公開のアメリカ映画。ニューヨーク・ウォール街の投資銀行の M&A 部門で働く秘書の物語。マイク・ニコルズ監督作品。

　1980 年代後半の好景気による M&A ブームを背景にしたロマンティック・コメディ。

　ウォール街の投資銀行の M&A 部門で働く秘書テスは、上司キャサリンがスキー休暇中に骨折し職場復帰するまでの間に、上司の愛人ジャックと共に進行中の合併話を期せずして進行させることになる。

英語学習のポイント

　ビジネス最前線で日常的に交わされる会話、金融、証券業界の専門用語などが学べる。学歴、キャリア、私生活など全てがエリート然としたキャサリンは、ドイツ語なども堪能でいかにも有能な女性のスノビッシュな話し方である。

　一方、テスや秘書仲間はブルックリン訛りなども混じったくだけた下町言葉である。この両者の特徴の対比、特にテスがエグゼクティブに扮している時に一人二役でその話し方を変える場面も面白い。

第1章
上司と部下の会話

米国人は上司と部下の間でも、ファーストネームで呼び合うのが一般的です。そしてカジュアルかつユーモアのある会話を彼らは好む傾向があります。

例えば、少し席をはずし戻ってくるときは、"I'll be back." といいます。これは、アーノルド・シュワルツェネッガー主演の映画『ターミネーター』The Terminator の有名なセリフでもあります。この背景の一つには上司は部下に対して解雇を含めた絶大な権限をもっているので、本来ある緊張関係を少しでも和らげたいということもあるでしょう。米国人は日本人よりもなんでもはっきりと自分の意見を言うと日本では思われているかもしれませんが、実際の職場環境では、上司の指示に従う傾向は、日本人よりも強いかもしれません。『プラダを来た悪魔』The Devil Wears Prada では、悪魔のような上司役をメリル・ストリープ、その下でひたむきに頑張る秘書役をアン・ハサウェイが演じています（第17章参照。P135～）。

では、『ワーキング・ガール』Working Girl で、上司のキャサリンと秘書のテスが初めて会ってこれからどうやって仕事を進めていくかを話している場面を、聞いてみましょう。

映画シーン① （DVD ch.04, 00:14:57）

Katharine :	So, Tess, a few ground rules. The way I look at it, you are my link with the outside world. People's impression of me starts with you. You're tough when it's warranted, accommodating when you can be. You're accurate, you're punctual, and you never make a promise you can't keep. I'm never on another line, I'm in a meeting. I consider us a team, Tess, and as such, we have a uniform: simple, elegant, impeccable. "Dress shabbily, they notice the dress. Dress impeccably, they notice the woman." Coco Chanel.	： テス、いくつかルールを決めましょう。あなたは私と外部のパイプ役よ。外部の人たちの私に対する印象はあなたから始まるわ。臨機応変に対応してね。仕事は正確に。時間は守り、守れない約束はしないこと。私は電話中ではなく、会議中と言って頂戴。テス、私たちは、チームであり、制服を着用している。清楚で上品ですきのないことね。下品な服装は服だけが目につき、上品な服装は女性を引き立てる。ココ・シャネルが言っているわ。
Tess :	Um, how do I look?	： あの、私の服装は？
Katharine :	You look terrific. You might want to rethink the jewelry.... I want your input, Tess. I welcome your ideas, and I like to see hard work rewarded. It's a two-way street on my team. Am I making myself clear?	： 素敵よ。アクセサリーは考え直したほうがいいと思うけど。あなたの意見を出して、テス。アイデアは歓迎よ。努力には報いるつもり。私たちの仕事は持ちつ持たれつよ。私の言いたいこと理解してもらえた？
Tess :	Yes, Katharine.	： はい、キャサリン。
Katharine :	And call me Katharine.	： キャサリンでいいわ。
Tess :	Okay.	： はい。
Katharine :	So! Let's get to work, shall we? This department's profile last year was damn pitiful. Our team's got its work cut out for it.... Okay, thanks.	： では、仕事を始めましょう。この部門の昨年の実績は最悪だわ。私たちのチームはそれを挽回するのよ。いいこと、ありがとう。

**覚えておきたい
重要表現**

accommodate: 対応する　～ on another line: 他の電話に出ている　impeccable: すきのない
a two-way street: 一方通行ではなく、お互いに助け合うこと
Am I making myself clear?: 私の言いたいことを理解してもらえたかしら？　pitiful: 全くダメ

第1章
上司と部下の会話

リスニング演習 ──── 【Part3形式】

Please listen to a short conversation between two people. You must listen carefully to understand what the speakers say. You are to choose the best answer to each question.

1. How long have the women worked together?

(A) About one year
(B) About one week
(C) It's the first day
(D) More than ten years

2. How old is Katharine now?

(A) 28
(B) 29
(C) 30
(D) 31

3. What is the relationship between Katharine and Tess?

(A) They are twins.
(B) They are sisters.
(C) They are a boss and a subordinate.
(D) They are old friends.

4. What is inferred from this conversation?

(A) Tess used to work for an older man.
(B) Tess often works with a female boss who is younger than her.
(C) Tess is fed up of working with older men.
(D) Tess hates to work with younger women.

5. What will Tess probably do next?

(A) She will buy a bunny for her birthday present.
(B) She will prepare a coffee for her boss.
(C) She will book a twin room for her boss.
(D) She will only make a cup of coffee for herself.

6. Why did Katharine say, "I'm light"?

(A) She wants to go on a diet.
(B) She wants to have coffee with cream.
(C) She wants to reduce her job.
(D) She wants to prove she is right.

第**1**章
上司と部下の会話

 映画シーン②

(DVD ch.04, 00:13:40)

Katharine :	Hi. I'm Katharine Parker. You must be Tess.	: キャサリン・パーカーよ。テスね。
Tess :	Hi.	: どうも。
Katharine :	Oh, great bunny!	: 可愛いウサギちゃんね。
Tess :	Um, I don't usually have a bunny on my desk. It was my birthday a few days ago.	すみません。普段は机には置かないのですが、数日前、誕生日だったもので。
Katharine :	No kidding? Mine's next Tuesday. How old?	: 本当なの? 私は来週の火曜日よ。いくつなの?
Tess :	30.	: 30 歳です。
Katharine :	Really? Well, I'll be 30 next Tuesday. We're practically twins.	: 本当に ? 私も来週 30 歳になるわ。私たちはほとんど双子ってわけね。
Tess :	Except that I'm older.	: でも私の方が上で…
Katharine :	Just barely.	: ほんのちょっとだけね。
Tess :	I've never worked for someone who was younger than me before. Or for a woman.	: 年下で、しかも女性の上司なんて初めてです。
Katharine :	Well, there's a first time for everything. That's not gonna be a problem, is it Tess?	: 何にでも慣れることよ。やりにくい?
Tess :	No.	: いいえ。
Katharine :	Good. Then why don't you pour us a couple of coffees and come on inside. I'm light no sugar.	: じゃあ、コーヒーを用意して中に来てちょうだい。ミルク入り、砂糖は入れないで。

覚えておきたい
重要表現

No kidding:「冗談でしょ」「まさか、本当?」という意味の口語表現　Just barely: ほんの少しだけ
Why don't you 動詞〜?：勧誘表現。例：Why don't you take a cab? タクシーを拾ったら?
light:（形容詞）（コーヒーで）ミルク入りの
参照：strong 濃い、weak 薄い、white ミルクがたくさん入った、black ミルクなし

リーディング演習 ──【Part7形式】

Directions: You are to choose the best answer, (A), (B), (C), or (D) to each question. Questions 7-9 refer to the following excerpt.

　　Tess McGill is a frustrated secretary, struggling to forge ahead in the world of big business in New York. She gets her chance when her boss breaks her leg on a skiing holiday. Tess takes advantage of her absence to push ahead with her career. She teams up with investment broker Jack Trainer to work on a big deal. The situation then gets more complicated after the return of her boss.

7. Why does Tess feel frustrated?

(A) She broke her leg.
(B) She has difficulty communicating with her boss.
(C) She is trying to get ahead in her career.
(D) She has a lot of money at an investment bank.

8. The word "forge" in line 1, is closest in meaning to

(A) return quickly
(B) compete vigorously
(C) move gradually
(D) invest wisely

9. How does Tess take the absence of her boss?

(A) She makes good use of it by advancing her career.
(B) She feels relaxed and enjoys her break.
(C) She tries to find her boss's secrets.
(D) She also took a holiday to go skiing.

覚えておきたい　重要表現

forge: 〈徐々に〉進む　take advantage of: 利用する　a big deal: 大きな取引

文法・ボキャブラリーチェック ──【Part5形式】

第**1**章
上司と部下の会話

Directions: Select the best choice to complete the sentence based on the dialogue from this movie.

10. We are (   ) twins.

    (A) practically
    (B) practicing
    (C) practical
    (D) practice

11. I've never worked for somebody (   ) was younger than me before.

    (A) what
    (B) which
    (C) whose
    (D) who

12. There is a first time for (   ).

    (A) a thing
    (B) everything
    (C) nothing
    (D) something

13. Why (   ) you pour us a couple of coffees?

    (A) didn't
    (B) do
    (C) did
    (D) don't

14. I'm terribly sorry that I was not able to (   ) your original request.

    (A) accompany
    (B) abolish
    (C) accommodate
    (D) acknowledge

15. I am afraid our manager is on (   ) line.

    (A) another
    (B) other
    (C) else
    (D) other's

16. Let's communicate with each other. It's a (   ) street on my team.

(A) one-way
(B) two-way
(C) free-way
(D) other-way

17. Am I making (   ) clear?

(A) me
(B) my
(C) mine
(D) myself

18. Wendy is a (   ) office worker.

(A) frustration
(B) frustrating
(C) frustrate
(D) frustrated

19. Please (   ) advantage of your summer holidays to study abroad.

(A) get
(B) have
(C) make
(D) take

20. I'm working (   ) a big deal with an investment bank.

(A) at
(B) in
(C) on
(D) with

第**1**章
上司と部下の会話

 ? 映画の中の気になる表現

"Dress shabbily and they notice the dress. Dress impeccably and they notice the woman. Coco Chanel."

キャサリンはテスの秘書としての初日に、ココ・シャネルを例にだし服装について少しアドバイスをします。テスに派手なイヤリングやバングルをしてこないよう注意していますが、上司らしい良い忠告と思われます。

＊ Coco Chanel（ココ・シャネル、1883 〜 1971）。フランスの女性ファッションデザイナー。
　衣料品、小物、香水など広く知られた高級ブランドになっている。

テスは、やる気はあるけれども、何かと直属の上司と衝突してしまい、長続きしません。人事部長（personnel director）のルースもテスには手を焼いている様子が以下の会話から窺えます。

（DVD ch.04, 00:11:39）

Ruth : I'm lookin' at your file, here. This is the third time in six months I've had to place you.
〜 中 略 〜 Here's something for you. Transferring down from Boston. Mergers and Acquisitions. Name of Parker. Starts Monday.

： あなたの勤務表を見ると、この半年で職場の配置換えは3度目よ。〜中略〜ポストがあるわ。ボストンから重役が転勤してくるの。M&A 部、名前はパーカーよ。月曜日からスタートよ。

Tess : Okay.

： わかりました。

Ruth : You go home and cool off.

： 家に帰って、頭を冷やしてね。

Tess : Okay.

： はい。

Ruth : Tess?

： テス？

Tess : Yeah?

： え？

Ruth : This is the last time I can help you. Four strikes, you're out.

： 面倒を見てあげられるのは、これが最後よ。4回目はもうないわよ。

 **覚えておきたい重要表現**

cool off: 頭を冷やす
Four strikes, you're out.:「既に3度配置換えしている」と言っていることから「4人目のボスであるパーカーとうまくいかなかったら、もう後はないわよ」の意味。野球の "three strikes, you're out." のもじり。本当ならもう行くところがないにもかかわらず、特別に配慮してあげているのだから、今度こそは頑張りなさい、という言外の意味が込められています。

Business English in Movies

第2章

SCREENPLAY
名作映画完全セリフ集

MAID IN MANHATTAN

メイド・イン・マンハッタン

ときどきは、
魔法もアリ
ニューヨークで起きた、シンデレラストーリー

原題：Maid in Manhattan
監督：Wayne Wang
出演：Jennifer Lopez /
　　　Ralph Fiennes /
　　　Natasha Richardson
会社：UIP
制作：2002 年

ストーリー

　マンハッタンの五ツ星ホテルで客室係として働くシングルマザーのマリッサ（ジェニファー・ロペス）は、常に高いプロ意識で仕事に臨んでいる。

　ある日ホテルに政界のサラブレッド、クリス・マーシャルがチェックイン。たった一つの過ちと偶然が重なり、スイートの宿泊客と勘違いされたマリッサは、クリスからデートに誘われる。本当はメイドであることを打ち明けられなくなったマリッサは…。

英語学習のポイント

　物語の舞台になるホテルは、様々な人種が出入りする、モザイク国家アメリカの縮図。英語には様々な訛りがあると改めて確認できる。

　マリッサは早口のニューヨーク訛りで喋るが、難しい単語はそれほど使っていない。何度もリピートしてリスニングし、お決まりのフレーズに耳を慣らそう。

　また、話者の社会的立場による言い回しや物腰に微妙な違いがあることに注目したい。

第2章
宿泊客とメイドの関係

メイド・イン・マンハッタンで、マリッサは執事（butler）のライオネルから、メイドの仕事はゲストの希望を先回りして行う目に見えないような（invisible）存在でなくてはならないと教えられます。目配り、気配り、心配りをいかにさりげなくできるか、これは一流ホテルの従業員に共通して求められる能力と言えるでしょう。しかしだからといってメイドはゲストの召使いではなく、仕事や自分自身への誇りを忘れてはならないことをライオネルは次のシーンでマリッサに諭しています。

映画シーン① （DVD ch.22, 01:22:44）

Marisa :	Oh, God, don't tell me that they fired you over this too.	：	ああ、まさか、あなたもクビになったなんて言わないで。
Lionel :	No. Actually, I made a decision a moment ago. It was long overdue.	：	いいや。実は、少し前に自分で決断した。延び延びにしすぎていたんだ。
Marisa :	You quit?	：	あなたはやめるの？
Lionel :	Sometimes we're forced in directions that we ought to have found for ourselves. Thank you.	：	時に人は、やっておかなければならなかった方向へ導かれることがある。ありがとう。
Marisa :	Thanks, Keef. Bye.	：	ありがとう、キーフ。さようなら。
Lionel :	To serve people takes dignity and intelligence. But remember, they're only people with money. And although we serve them, we are not their servants. What we do, Miss Ventura, does not define who we are. What defines us is how well we rise after falling. I think you'll make a wonderful manager someday. And it's been my great honor to have worked with you.	：	人に仕えるには威厳と知性が必要だ。しかし、忘れてはならないのは、彼らはただお金を持っているに過ぎない。我々は仕えはするが、召使いではない。ミス・ベンチュラ、職業が私たちを何者であるか決定するのではない。私たちを決定するのは、失敗からどのように立ち上がるかだ。君はいつの日か立派なマネジャーになるだろう。そして君と一緒に働いたことを光栄に思う。

覚えておきたい
重要表現

overdue: 当然とみなされるもの、期限をすぎた、機が熟しきっている
例文 : The account is long overdue.（その支払いは期限をかなり過ぎている）
make:（訓練などの結果）〜になる

Please listen to a short conversation between two people. You must listen carefully to understand what the speakers say. You are to choose the best answer to each question.

1. Why does Caroline apologize to Chris?

    (A) She told him a lie.
    (B) She asked him to see her at a bad time.
    (C) She broke a promise last night.
    (D) She made a terrible mistake booking a room.

2. What did Chris misunderstand?

    (A) He thought Marisa was a guest at the hotel.
    (B) He thought he had a meeting in the morning.
    (C) He thought he lost his jacket.
    (D) He thought he had to leave as soon as possible.

3. What is probably the relationship between Chris and Caroline?

    (A) Brother and sister
    (B) Teacher and student
    (C) Coworkers
    (D) Acquaintances

4. Who is Marisa?

    (A) A patron
    (B) Chris's wife
    (C) A maid
    (D) A clerk

5. Why did Chris say, "Is this true"?

    (A) Because he was happy with the good news.
    (B) Because he didn't believe what Caroline said.
    (C) Because his passport expired.
    (D) Because his proposal was accepted.

6. What is inferred about Chris's feelings?

    (A) He feels frustrated.
    (B) He feels relaxed.
    (C) He feels pleased.
    (D) He feels confused.

映画シーン②

(DVD ch.22, 01:20:54)

Caroline :	Oh, Chris, I'm terribly sorry to interrupt your busy morning, but we thought you should know what was going on as soon as possible.	： ああ、クリス、お忙しい朝に邪魔をして本当にごめんなさい、でも、できるだけすぐ状況をお知らせしたほうがいいと思ったものですから。
Chris :	What is going on?	： 何ごとですか？
Caroline :	The woman you thought was a guest on this floor is the maid on this floor. Aren't you, Marisa?	： このフロアの宿泊客だとあなたが思っていた女性はこのフロアのメイドなのよ。そうよね、マリッサ。
Chris :	No. Wait. Wait. Her name is Caroline.	： 違う。待ってくれ。彼女の名前はキャロラインだよ。
Caroline :	No, Chris, darling, that's my name. She steals clothes, identities...	： いいえ、クリス、それは私の名前。彼女は服も、身元も盗んだのよ…
Chris :	What, what the hell's happening here? I mean, why, why are you dressed that way? Caroline? Is this... is this true?	： いったいどういうことなんだ？ 君はどうしてそんな恰好をしているんだい？ キャロライン？ これって…本当なのか？
Marisa :	Yeah, it is.	： はい、そうです。

覚えておきたい
重要表現

What is going on?: いったいどうしたの？　　that way: そのように、そんなふうに

リーディング演習 ────【Part7形式】

Directions: You are to choose the best answer, (A), (B), (C), or (D) to each question.

    Marisa Ventura is a single mother who was born and grew up in the boroughs of New York City. She works as a maid in a first-class Manhattan hotel and with some luck and mistaken identity, Marisa meets Christopher Marshall, a handsome heir to a political dynasty, who believes that Marisa is a guest at the hotel just like him. This chance encounter leads to something more meaningful, but Marisa is afraid she'll lose everything that she has worked so hard for if Christopher finds out the truth. When Marisa's true identity is discovered, the two find that they seem to be worlds apart, even though the actual distance between them is just a short New York subway ride between Manhattan and the Bronx.

7. What is true about Marisa?

    (A) She moved to New York when she was very little.

    (B) She is not a guest at the hotel.

    (C) She has many maids working for her.

    (D) She is worried about Christopher's secrets.

8. What is suggested from this passage?

    (A) Christopher is the owner of the hotel.

    (B) Christopher works at the hotel.

    (C) Christopher and Marisa have similar backgrounds.

    (D) Christopher is staying at the hotel.

覚えておきたい
重要表現

borough: 区、町　dynasty: 支配者群、権力者の継承

第2章 文法・ボキャブラリーチェック─【Part5形式】
宿泊客とメイドの関係

Directions: Select the best choice to complete the sentence based on the dialogue from this movie.

9. Wait ! I'm not sure. What is going (   )?

(A) to
(B) at
(C) on
(D) for

10. I'm (   ) sorry to interrupt your busy morning.

(A) terrible
(B) terrorize
(C) terribly
(D) territory

11. You should know about this as (   ) as possible.

(A) well
(B) soon
(C) long
(D) far

12. The police know him well as he often (   ) cars.

(A) stores
(B) steals
(C) stairs
(D) stress

13. In fact, he (   ) a decision a few moments ago.

(A) offered
(B) took
(C) had
(D) made

14. The account is long (   ).

(A) expire
(B) period
(C) overdue
(D) term

15. It's a great (   ) to serve such wonderful guests.

(A) honor
(B) hour
(C) hope
(D) honest

16. *Don't tell me that they (   ) you over this small mistake.*

    (A) fired
    (B) fined
    (C) forced
    (D) focused

17. *I think you'll (   ) a wonderful manager someday.*

    (A) get
    (B) make
    (C) grow
    (D) take

18. *To serve people takes dignity and (   ).*

    (A) intelligent
    (B) intelligently
    (C) intelligence
    (D) intellectual

19. *Lionel said, "What (   ) us is how well we rise after falling."*

    (A) delights
    (B) demonstrates
    (C) desires
    (D) defines

20. *The woman you thought was a guest is the maid (   ) this floor.*

    (A) at
    (B) in
    (C) on
    (D) over

21. *The distance is a subway ride (   ) Manhattan and the Bronx.*

    (A) among
    (B) at
    (C) within
    (D) between

22. *I was born and bred in the (   ) of New York City.*

    (A) town
    (B) boroughs
    (C) urban
    (D) rural

第**2**章
宿泊客とメイドの関係

映画の中の気になる表現

映画メイド・イン・マンハッタンの撮影にはニューヨークの Roosevelt Hotel と the Waldorf-Astoria Hotel が使用されました。いずれもニューヨークを代表する高級ホテルです。世界の高級ホテルの中でチェーン展開しているものは、リッツ・カールトン、フォー・シーズンズ、マンダリンオリエンタルなどがあります。

映画の中で、マリッサに服を無断で着用された常連客（patron）のキャロラインが、

This would never happen at the Four Seasons.（こんなことフォー・シーズンズじゃ絶対に起こらないわ）
という場面があります。

名門ホテルにおいては、顧客への配慮は万全なはずという認識があるからでしょう。顧客サービスのレベルの高さでは、リッツ・カールトンホテルが特に有名です。同ホテルでは、従業員は常にサービスの基本精神が書かれている「クレド（credo）」というカードを携帯しています。またゲストと接する現場スタッフへの権限委譲（エンパワメント）が進められ、従業員自らの判断で一日 2,000 米ドル（20 万円程度）までの決裁権が認められています。

これは、スタッフがゲストに対して最高の心配りを発揮できるための予算です。もしもゲストから何かのクレームが発生した場合、それを受けたスタッフがわざわざ上司に相談しなくても、即決で責任をもって最後までケアできるようにするための仕組みです。その他マルチリンガルスタッフ、コンシェルジュサービス、ベビーシッターサービス（要予約）、24 時間対応のプレス、ランドリー、ドライクリーニング、靴磨きサービス、朝刊および夕刊の無料サービスといった特徴があります。ゲストのニーズに「ノー」と言わず臨機応変にどんな細かいことでも誠心誠意お応えすることを行動指針とし、「もう一つの我が家」をコンセプトとし、自らをホテル産業ではなくホスピタリティ産業と位置づけています。リッツ・カールトンでは、ミスやトラブルのことは「オポチュニティ」と呼ばれています。ゲストとの新しい関係をつくる「機会」と考えているからです。ホテルにとっていま何が問題なのか、改善すべき点は何か。「サービスの過程で発生するミスは問題点を知らせてくれる最大の機会」という考え方がその背景にあります。

第3章

原題：Wall Street
脚本・監督：Oliver Stone
出演：Michael Douglas /
　　　Charlie Sheen
会社：20th Century Fox
制作：1987 年

ストーリー

　1985 年のウォール街、若き証券ブローカー、パット（チャーリー・シーン）は業界の大物ゲッコー（マイケル・ダグラス）と取引するチャンスを掴む。手段を選ばぬゲッコーの強引なやり方に感化されたパットは彼の門下生として成功への道を歩き始める。

　インサイダー取引への倫理観が薄れていく中、ゲッコーと組んで父親が整備工として長年勤務している航空会社の経営危機救済に乗り出したパットに、思いがけない父親の戒めがある。何と航空会社は解体の危機に。

英語学習のポイント

　世界金融の中心地、ウォール街。生き馬の目を抜くビジネスマン達の話す金融、株式の専門用語、略語などがいっぱい。

　またゲッコーが周りを威圧しながら自信満々に話す言葉の中には隠喩が多用されている。証券会社や投資銀行を志す学生には、是非見てほしい内容である。

第**3**章
企業経営者と株主の関係

1980 年代、欧米企業は、M&A が大きなブームとなり、企業再編が盛んに行われていました。そこで活躍したのが、投資ファンドの存在です。映画『ウォール街』Wall Street が作成されたのは、このような時代背景がありました。我が国においても近年、経済のグローバル化、国内市場の成熟化、経済法制の整備・進展などにより、業界再編が本格化し、企業買収が経営戦略の重要な選択肢のひとつとなってきています。また、日本企業の株主の構成が、金融機関から外国人投資家、個人株主が増え、経営者の説明責任（accountability）を期待する「モノ言う株主」へと比重がシフトしてきています。大物投資家ゲッコーがテルダー製紙の取締役たちを言葉巧みに追及する以下の場面は、この映画の醍醐味と言えるでしょう。

映画シーン① （DVD ch.10, 01:15:19） 3-1

Gekko :	(into microphone) Well, I, uh…appreciate the opportunity you're giving me, Mr. Cromwell, as the single largest shareholder in Teldar Paper, to speak.	：（マイクに）クロムウェルさん、私に最大の個人株主として、発言の機会を与えて頂き感謝いたします。
Stockholders :	(laughter)	：（笑い）
Gekko :	(into microphone) Well, ladies and gentlemen, we're not here to indulge in fantasy, but in political…and economic reality…America…America has become a second-rate power. Its trade deficit and its fiscal deficit are at nightmare proportions. Now, in the days of the free market, when our country was a top industrial power there was accountability to the stockholder. The Carnegies, the Mellons, the men that built this great industrial empire, made sure of it … because it was their money at stake. Today, management has no stake in the company! All together, these men sitting up here own less than three percent of the company. And where does Mr. Cromwell put his million-dollar salary? Not in Teldar stock. He owns less than one percent. You own the company. That's right, you the stockholder. And you are all being royally screwed over by these, these bureaucrats with their, uh, their steak lunches, their hunting and fishing trips, their…their corporate jets and golden parachutes.	：（マイクに）皆さん、私たちは今ここで、夢物語を楽しんでいるのではありません。現実の政治、経済の中に身を置いているのです。アメリカは今や二流国になり下がりました。その貿易赤字と財政赤字は悪夢です。この国が素晴らしい産業力を持った自由市場の時代には、株主に対する責任というものがありました。カーネギーやメロンなど、この国の偉大な産業を起こした人たちは、そのことを認識していました…なぜならリスクを負うのは株主の金だからです。しかし今日では経営者は会社に責任をもっていない！ここにいる経営者の持ち株は全部ひっくるめても、3％に満たないのです。クロムウェル氏の 100 万ドルの給料はどこに行ったのか？テルダーの株ではないのです。彼は1％も持っていません。あなたがたが会社を所有しているのです。そう、あなたがた株主がです。そしてあなた方はこの官僚主義者たちにしっかりと欺かれています。連中はステーキランチに、狩りや釣りの旅行に、会社のジェット機に、ゴールデンパラシュートに金を使っているんです。

appreciate: 感謝する　shareholder: 株主　indulge in: ふける　second-rate: 二流の
fiscal deficit: 財政赤字　accountability: 説明責任　at stake: 危うくなって
golden parachute: 敵対的買収防衛策のひとつで、敵対的買収されることを防止したい企業の取締役が、敵対的買収者により解任もしくは退任に追い込まれる場合を想定し、その場合には巨額の退職金などの利益が被買収企業の取締役に支払われる委任契約を予め締結しておくもの。敵対的買収を行うと巨額の損失が買収対象企業に発生する仕組みを導入しておくことで、予め敵対的買収者の買収意欲を削ぐ目的で導入される。

第3章
企業経営者と株主の関係

リスニング演習 ──────【Part3形式】

Please listen to a short conversation among people. You must listen carefully to understand what the speakers say.   You are to choose the best answer to each question.

1. *What is inferred about this situation?*

    (A) They are disagreeing with each other.

    (B) They are working together.

    (C) They are old friends.

    (D) They are a boss and a subordinate.

2. *What is suggested from Gekko's speech?*

    (A) The vice-presidents are very competent.

    (B) The vice-presidents are few in number.

    (C) The vice-presidents are inefficient.

    (D) The vice-presidents have been eliminated.

3. *What does Gekko say about American companies?*

    (A) They are doing well.

    (B) They are doing nothing.

    (C) They are doing things effectively.

    (D) They are doing poorly.

4. *What happened at Teldar Paper?*

    (A) It lost a lot of money.

    (B) It earned two point five million dollars.

    (C) It made a pretax profit of twelve billion dollars.

    (D) It gave twelve billion dollars to its vice-presidents.

5. *Who might be the audience?*

    (A) Gekko's family

    (B) The board of directors

    (C) Stockholders

    (D) Stakeholders

第**3**章
企業経営者と株主の関係

映画シーン②

(DVD ch.10, 01:16:40)

Cromwell :	This is an outrage! You're out of line, Gekko!	：暴言だ！ 失礼だぞ、ゲッコー！
Gekko :	(into microphone) Teldar Paper. Mr. Cromwell... Teldar Paper has thirty-three different vice-presidents (pointing) each...earning over two hundred thousand dollars a year.	（マイクに）クロムウェルさん、テルダー製紙には副社長が 33 人もいて、（指さして）それぞれが年収 20 万ドル以上も稼いでいます。
Stockholders :	(scattered whistles)	：（口笛）
Gekko :	(into microphone) Now I have spent the last two months analyzing what all these guys do...and I still can't figure it out.	：（マイクに）私はこの 2 ヶ月間、彼らが何をしているのか分析しましたが…未だに理解できません。
Stockholders :	(laughter)	：（笑い）
Gekko :	(into microphone) One thing I do know is that our paper company lost a hundred and ten million dollars last year, and I'll bet that half of that was spent in all the paper work going back and forth between all these vice-presidents!	：（マイクに）一つはっきりしていることは、我々の会社は昨年だけで 1 億 1 千万ドルの損失を計上しました。間違いなくその半分は、副社長たちの間で行き来する書類業務の経費なのです！
Stockholders :	(chuckles)	：（含み笑い）
Gekko :	(into microphone) The new law...of evolution in corporate America seems to be...survival of the unfittest. Well, in my book, you either do it right...or you get eliminated. In the last seven deals that I've been involved with, there were two point five million stockholders who have made a pretax profit of twelve billion dollars.	：（マイクに）最近のアメリカ企業発展の法則は、不適者生存と見えます。私の考えでは不適格者は排除されるべきです。私は最近関与した7つの仕事において、250 万人の株主に計 120 億ドルの税引き前利益をもたらしました。

覚えておきたい重要表現

outrage: 暴言　 out of line: ルール違反
vice-president: 副社長（日本で副社長と言うと社長に次ぐ重役、つまり NO.2 をイメージしますが、欧米企業（特に金融機関）では、必ずしもそうではありません。vice president が数十人、数百人いる場合もあり、その役割や権限は企業によって様々です。）
survival of the unfittest: 不適者生存　 survival of the fittest「適者生存」をもじった表現
in my book: 私の意見では

リーディング演習 ———【Part7形式】

Directions: You are to choose the best answer, (A), (B), (C), or (D) to each question. Questions 6-8 refer to the following excerpt from a speech.

　I am not a destroyer of companies! I am a liberator of them! The point is, ladies and gentlemen, that greed, for lack of a better word, is good. Greed is right. Greed works. Greed clarifies, cuts through and captures the essence…of the evolutionary spirit. Greed, in all of its forms. Greed for life, for money, for love, knowledge, has marked the upward surge of mankind. And greed, you mark my words, will not only save Teldar Paper, but that other malfunctioning corporation called the USA. Thank you very much.

6. What is the main purpose of Gekko's speech?

(A) To try to become the company's owner.
(B) To explain why greed helps people.
(C) To warn about shareholder's greed.
(D) To say that greed usually leads to a malfunctioning.

7. The word, "works" in line 3, is closest in meaning to

(A) gives frequently
(B) takes generously
(C) functions effectively
(D) moves quickly

8. What kind of greed is NOT mentioned in this speech?

(A) For living
(B) For loving
(C) For knowing
(D) For jewelry

覚えておきたい
重要表現

liberator: 解放者　clarify: 明確にする　capture: 捕える　malfunction: 機能しない

文法・ボキャブラリーチェック —— 【Part5形式】

第**3**章
企業経営者と株主の関係

Directions: Select the best choice to complete the sentence based on the movie scenes.

9. I would really (　　　　) it if you could attend the board meeting.

    (A) appreciate
    (B) appoint
    (C) approach
    (D) accuse

10. My brother likes to indulge (　　　) reading books.

    (A) at
    (B) beside
    (C) in
    (D) on

11. It is clear that the CEO has (　　　) to stockholders.

    (A) accountability
    (B) accountable
    (C) account
    (D) account receivable

12. He got upset since his money was at (　　　).

    (A) loss
    (B) all
    (C) bank
    (D) stake

13. Corporate executives use (　　　) parachutes to protect themselves.

    (A) bronze
    (B) golden
    (C) silver
    (D) super

14. Please (　　　) your point when you speak to others.

    (A) clarify
    (B) clear
    (C) classify
    (D) close

15. (　　　) is right.

    (A) greedy
    (B) greed
    (C) greedily
    (D) great

16. *Darwin talked about (   ) of the fittest in his evolution theory.*

   (A) survive
   (B) survivor
   (C) survival
   (D) survived

17. *I could see all the paperwork going back and (   ).*

   (A) back
   (B) forth
   (C) forward
   (D) front

18. *In my (   ), they are out of line !*

   (A) book
   (B) cap
   (C) note
   (D) file

19. *Please let me know if you (   ) place an order again, or cancel it.*

   (A) whether
   (B) either
   (C) neither
   (D) both

20. *I suspect that he's been (   ) in the conspiracy.*

   (A) involve
   (B) involving
   (C) involves
   (D) involved

21. *Greed will not only save our company, (   ) other malfunctioning corporations.*

   (A) but
   (B) also
   (C) since
   (D) and

第**3**章
企業経営者と株主の関係

映画の中の気になる表現

　マイケル・ダグラス演じる大物投資家ゲッコーがとても恰好よく映り、1980 年代後半から 1990 年代にかけて、多くの優秀な若者がトップランクのビジネススクールで MBA 取得後のキャリアとして投資銀行や証券会社に入社しました。またゴードンのファッションを真似る者なども後を絶ちませんでした。本作で語った「Greed is good.（強欲は善だ）」「Money never sleeps.（金は眠らんぞ）」は名台詞として知られています。ゲッコーは、「Come on, pal. Tell me something I don't know. It's my birthday. Surprise me.（何か俺の知らない事を教えてくれよ。俺の誕生日なんだから。驚くような話を）」とバドに言います。また「Thank you, Mr. Gekko. Thank you for the chance. You will not regret this. You're with a winner.（チャンスを頂きまして有難うございます、ゲッコーさん。期待にそうよう頑張ります。必ずうまくやります）」と媚びるバドに対してゲッコーは、「Save the cheap salesman's talk, will you? It's obvious.（安っぽいセールスマン風の話し方はよせ。みえすいてるぞ）」と応えます。そしてゲッコーの考え方を端的に表しているのが以下のセリフです。

> I've been in this business since sixty-nine. Most of these Harvard MBA types, they don't add up to dog shit. Give me guys that are poor, smart and hungry … and no feelings. You win a few, you lose a few, but you keep on fighting. And if you need a friend, get a dog. It's trench warfare out there, pal.
> （俺はこの商売を 69 年からやっているが、ハーバードの MBA のほとんどは使い物にならん。貧しくて利口でハングリーでそしてクールなやつがいいんだ。ドンと儲けてもドンと損しても（へこたれずに）戦い続けることだ。友達が欲しけりゃ犬を飼え。この仕事は肉弾戦だぞ。）
>
> 　註：don't add up to dog shit（結局は犬の糞にもならない）、trench warfare（塹壕で兵隊が戦うこと）

　なお、バドが超多忙なゲッコーを追いかけて自分のアイデアを説明する場面があります。いわゆる「エレベーター・トーク」です。エレベーターに居合わせる短い間に自分の話（報告事項やアイデアなど）を上司や偉い人に伝えることを言います。元々は、シリコンバレーの起業家が自分のアイデアを投資家に売り込むために高層ビルのエレベータに乗っている短時間で伝えられるように要点を凝縮して伝えたことに由来しています。代表例として「結論から先に述べる」話し方があります。

● NEWSWEEK2012 Full-time MBA ランキング

1 位 Chicago	6 位 Duke	11 位 Carnegie Mellon
2 位 Harvard	7 位 Cornell	12 位 Dartmouth College
3 位 U of Pennsylvania	8 位 U of Michigan	13 位 Columbia
4 位 Stanford	9 位 MIT	14 位 UCB
5 位 Northwestern	10 位 U of Virginia	15 位 Indiana

Business English in Movies

第4章

原題：The Firm
監督：Sydney Pollack
出演：Tom Cruise /
　　　Gene Hackman
会社：Paramount Pictures
制作：1993 年

ストーリー

　明晰でハングリー精神旺盛なミッチ（トム・クルーズ）は、ハーバードのロースクールをトップの成績で卒業。全米で最高ランクの法律事務所からの誘いを断り、テネシー州の小規模な法律事務所から破格の待遇での採用の誘いを受ける。その事務所で働き始めたミッチだが、謎の死をとげた4人の弁護士の存在を知り、真相の解明に乗り出すと、次第に彼自身も大いなる陰謀劇に巻き込まれていく。驚異的なベストセラー小説が原作の傑作サスペンス。

英語学習のポイント

　全体的に会話は標準的なスピードで話されており、発音も明瞭で理解しやすい。テネシー州メンフィスが主な舞台のため、南部訛りを含んだ英語も多少ある。主人公ミッチと愛妻アビーの会話は比較的、標準の英語だが、弁護士たちの会話には、法律関連の用語が頻繁に登場する。最近、ほとんどの映画に少なからず法律用語が登場するため、慣れておくと今後役に立つ。またミッチのセリフのやり取りはビジネスの交渉に応用できそうな場面も豊富だ。

第**4**章
弁護士とクライアントの会話

弁護士は、秘密保持の義務が法定され、高度の守秘義務 (confidentiality) が課されています。クライアントの機密保持義務に違反をすれば、弁護士資格をはく奪される可能性があり、このことが本映画のストーリー展開と密接に関係してきます。ただし我が国の実社会では、守秘義務を定めた弁護士法 23 条自体守秘義務が免除される（exempt）ことがあることを想定しています。条文は「但し、法律に別段の定めがある場合はこの限りでない」となっています。さらに正当な理由がある場合や本人等の同意がある場合、守秘義務が免除されると考えられています。

 映画シーン① （DVD ch.17, 02:18:33）

Mitch : Mitch McDeere. I'm, ah…your attorney, uh, one of them, anyway. I assumed you knew, but I thought I'd mention it, in case.

： ミッチ・マクディーアです。僕は、あの…あなた方の弁護士、まぁ、ともかく、弁護士の一人です。ご存じのこととは思いますが、一応、付け加えておいたほうがよろしいかと思ったものですから。

Joey : Would you care to sit down?

： 腰を掛けたらどうかね？

Mitch : Not really. I want to try, uh…and this is just, this is…this is very awkward. I'm afraid my firm has behaved in an uneth…unethical manner. It seems that we, Bendini, Lambert and Locke…the entire firm has been engaged in a, well, in, ah, a conspiracy. We've been…overbilling our clients.

： いえ、いえ、何と申しましょうか、えぇと、あのこれは何と言っても…これは…とても申し上げにくいことでして。残念ながら、私どもの事務所は、ある非倫理…非倫理的なやり方を取って…取ってきていました。私ども、ベンディーニ・ランバート＆ロックは…事務所ぐるみで、つまりその、共謀をしていたのです。私どもはクライアントに水増し請求をしていたわけです。

Mitch : In some cases, massive overbilling. I assure you, I had no idea any of this was going on when I joined the firm. Well, I feel I have to report this criminal behavior. But, I can't use…I can't use your invoices without your written authorization.

： なかには、膨大な水増しをしたものもあるのです。申しておきますが、入社したての頃は、こんなことが行われているなどとは、まったく思ってもみませんでした。そこで僕はこの犯罪行為をご報告しなければならないと思っているわけです。しかしながら、僕には、勝手に使用することができません…あなた方の書面上の許可なしに僕があなた方の請求書を使用することはできません。

 **覚えておきたい重要表現**
assume: 推定する、憶測する　mention: ～について言及する、触れる　care to: ～したいと思う
Not really: まさか　awkward: 人を困らせる、まごつかせる、困った
behave: 振る舞う、身を処す、行動する　unethical: 非倫理的な、道義に反する
be engaged in ～に従事している、関与している　conspiracy: 陰謀、共謀
massive: 大規模な、大量の　invoice: 送り状、請求書　authorization: 委任、法的権限付与

第4章 リスニング演習 ──────【Part3形式】
面弁護士とクライアントの会話

Please listen to a short conversation between two people. You must listen carefully to understand what the speakers say. You are to choose the best answer to each question.

4-2

1. According to Tony, what was stolen by Mitch?

(A) Keys
(B) Money
(C) Files
(D) Clients

2. Where are the stolen items?

(A) Tony's house
(B) Mitch's bag
(C) The same place where they were before
(D) Unknown

3. What does Mitch NOT mention as something important that he should know?

(A) Their holdings
(B) Activities
(C) Overbilling
(D) All kinds of currency

4. What did Mitch prepare?

(A) Coffee
(B) Computers
(C) Cellphones
(D) Copies

5. What does Mitch prepare for, just in case?

(A) In case they have to talk to a third party.
(B) In case they have to escape from the police.
(C) In case they have to lend money.
(D) In case they have to launch a new business.

6. What kind of money does Mitch NOT mention?

(A) Dollar
(B) Yen
(C) Pound
(D) Franc

第**4**章
弁護士とクライアントの会話

映画シーン②

（DVD ch.17, 02:21:16）

Tony : All right, Mitch. So what was this stealing of the files? What the fuck was this all about?

　：よろしい、ミッチ。じゃ、どうしてファイルを盗んだりした？ このゴタゴタはそもそも何だったんだね？

Mitch : The files haven't been stolen. They're in exactly the same place they were. I just felt it was important for me to be thoroughly familiar with the precise makeup and whereabouts of all your holdings and activities. So I prepared copies of everything. That way you and I can communicate perfectly, and of course, if we ever have to talk to a third party, then I know everything, right down to the penny, pound, franc and Deutsche mark.

　：ファイルは盗まれてはおりません。元のところに今でもそっくりそのままあります。僕はただ水増し工作とあなた方の財産、ならびに諸活動について正確に熟知しておく必要があると思っただけです。そこで、すべてのコピーを用意した次第です。そうすれば、お互いに不足なく意思の疎通ができますし、それに、もちろん、第三者に話さなくてはならない場合が生じたとしても、ペニー、ポンド、フラン、ドイツ・マルクに至るまですべてを掌握していることになるわけです。

覚えておきたい
重要表現

thoroughly: 徹底的に、完璧に　be familiar with: 〜をよく知っている、熟知している、通じている
precise: 明確な、正確な　whereabouts: 所在　third party: 第三者　penny: 1セント硬貨
Deutsche mark: ドイツマルク

リーディング演習 ─────【Part7形式】

Directions: You are to choose the best answer, (A), (B), (C), or (D) to each question.

　　Mitch McDeere is a young man with a promising future in law. About to sit for his bar exam, he is approached by 'The Firm' and made an offer he doesn't refuse. Seduced by the money and gifts showered on him, he is totally oblivious to the more sinister side of his company. Then, two associates are murdered. The FBI contact him, asking for information and suddenly his life is ruined. He has a choice - work with the FBI, or stay with the firm. Either way, he will lose his life as he knows it. Mitch figures the only way out is to follow his own plan.

7. What is a bar exam?

　　(A) A test to become a bartender
　　(B) A test to become a lawyer
　　(C) A test to enter law school
　　(D) A test to get a job at a law firm

8. Why did Mitch choose the firm?

　　(A) He knew the president personally.
　　(B) He had a lot of friends there.
　　(C) His parents lived near the firm.
　　(D) He really appreciated the money and gifts from the firm.

9. The word "oblivious" in line 4, is closest in meaning to

　　(A) familiar
　　(B) expected
　　(C) disappointed
　　(D) unaware

10. What will Mitch probably do next?

　　(A) He will work with the FBI.
　　(B) He will stay with the firm.
　　(C) He will go his own way.
　　(D) He will work with the FBI while staying with the firm.

覚えておきたい
重要表現

promising: 前途有望な　seduce: 誘惑する　oblivious: 気が付かない　sinister: 不吉な
ruin: 台無しにする　figure out: 考え付く

文法・ボキャブラリーチェック ──【Part5形式】

Directions: Select the best choice to complete the sentence based on the dialogue from this movie.

11. Would you (　　　　) to sit down?

    (A) take
    (B) care
    (C) help
    (D) seem

12. The firm has (　　　　) in an unethical manner.

    (A) behave
    (B) behaves
    (C) behavior
    (D) behaved

13. He has been (　　　　) in a conspiracy.

    (A) engaged
    (B) entered
    (C) enclosed
    (D) enlarged

14．I'm afraid we have (　　　　) your company.

    (A) bill
    (B) billed
    (C) overbill
    (D) overbilled

15. Mitch is their (　　　　) in this case.

    (A) attempt
    (B) attraction
    (C) atmosphere
    (D) attorney

16. I'd like to (　　　　) this issue in our next meeting.

    (A) talk
    (B) tell
    (C) say
    (D) mention

17. I can't use your invoices (   ) your written authorization.

    (A) nevertheless
    (B) but
    (C) without
    (D) whenever

18. Please tell me, what the (   ) was this all about?

    (A) funny
    (B) funky
    (C) fact
    (D) fuck

19. It is important for me to be familiar (   ) your activities.

    (A) to
    (B) among
    (C) with
    (D) both

20. We have to talk to a third (   ).

    (A) party
    (B) person
    (C) people
    (D) present

21. I had no (   ) about this fact.

    (A) idea
    (B) thought
    (C) notion
    (D) thinking

映画の中の気になる表現

マフィアの大ボスである Tony、Joey と Mitch の会話は緊張感のある中でも、一見紳士的に進められていきます。

Tony:	What if the firm should desire at some point to terminate your employment?
Mitch:	Whatever I know, wherever I go, I am bound by the attorney-client privilege. I am very much like … I would say I am exactly like a ship carrying a cargo that will never reach any port. And as long as I am alive, that ship will always be at sea, so to speak.
Joey:	Like Yasser-fucking-Arafat, huh? Never a night in the same place. (DVD ch.17, 02:22:07)
トニー：	君の事務所がある時点で君を解雇したいと望んだら？
ミッチ：	僕の知っていることが何であれ、僕の行先がどこであろうと、僕は弁護士とクライアントとの間の特権に縛られます。これはまさに、言わせていただくなら、いかなる港にも着くことのない荷物を積んだ船のようなものなのです。そして、僕が生きている限り、その船は常に、いわば、大海を航海し続けているのです。
ジョーイ：	あのくそったれのヤセル・アラファトみたいだな？ 絶対に同じ場所で寝ないと。
	（パレスチナ解放機構（PLO）議長のヤセル・アラファト（1929 ～ 2004）の名を挙げて、命が明日あるかどうかは保証の限りではないことを暗に示し、ミッチに脅しをかけています。）

　　映画『ザ・ファーム法律事務所』The Firm は、弁護士と捜査官が登場しますが、法律に関する映画には名作がたくさんあります（以下図表参照）。

　　本書の中の『逃亡者』The Fugitive（第 8 章参照。P63～）、『アイ・アム・サム』I Am Sam（第 7 章参照。P55～）もそうです。訴訟社会のアメリカでは、国民一人当たりの弁護士の数が日本の7倍以上いるため、訴訟のネタを探し救急車の後を追っかけているあこぎの弁護士を揶揄して、ambulance chaser と表現します。

● 法律に関する主な映画（例）

原　題	邦　題	公開年
To Kill a Mockingbird	アラバマ物語	1962
Kramer vs. Kramer	クレイマー、クレイマー	1979
The Verdict	評決	1982
Presumed Innocent	推定無罪	1990
Class Action	訴訟	1991
In the Name of the Father	父の祈りを	1993
The Fugitive	逃亡者	1993
The Shawshank Redemption	ショーシャンクの空に	1994
Murder in the First	告発	1995
The Rainmaker	レイン・メーカー	1997

Business English in Movies

第5章

原題：Baby Boom
監督：Charles Shyer
出演：Diane Keaton /
　　　Harold Ramis /
　　　Sam Wanamaker
会社：United Artists
制作：1987 年

ストーリー

　J.C. ワイアット (ダイアン・キートン) は一流の経営コンサルタント会社で仕事に生きるキャリアウーマン。マンハッタンで充実した生活を送っていた。ところがある夜、英国に住むいとこが事故死したため、J.C. に遺産が残されたと国際電話が入る。翌日、空港に受取りに行くと、なんとその遺産とは生後 13 ヶ月の女の赤ちゃんだった。その日から、J.C. の生活は赤ちゃんの存在により大きく様変わりする…。

英語学習のポイント

　J.C. の会話は、やり手のキャリアウーマンそのもの。相手に口を挟ませない機関銃のようなスピードで繰り出す言葉は、語彙も豊富で聞き取り難度は高い。経営用語やビジネスの最前線で使われる日常的な用語も頻繁に登場してくる。彼女がバーモントに引っ越してからは、田舎の素朴な人々のゆったりした人間味溢れる会話が聞かれ、ニューヨークの人々の会話との特徴の対比も面白い。

第5章
面接者と求職者の会話

職位に空き（job opening）があるときは、まず書類審査から始まり、応募者（applicant）が資格要件（qualifications）を満たしていると思われれば、面接試験（job interview）へと進みます。以下のシーンは、子守（nanny）の候補者たち（candidates）を面接するときの一コマですが、J.C. は5名を面接し、その中から経験は少ないものの、感じのよさそうな子供好きという Eve を選ぶことになります。多くの候補者たちに "What brought you to New York?"（どうしてニューヨークに？）という質問をします。意味としては、"Why did you come to New York?" とほぼ同じですが、前者のほうが大人の表現でビジネスをする上で覚えておきたい表現です。米国、特にこの映画の舞台となっているニューヨークには様々な人種、民族、宗教の異なる人々が生活しています。例えばニューヨークのイエローキャブ（ニューヨーク市内のタクシー）の運転手の89％は米国人以外の移民や外国人で占められています。エジプトをはじめとする中東諸国やフィリピンなどのアジア系をはじめ、それぞれの国の訛りで英語をしゃべっていますので、かなり聞き取りづらいです。幸いマンハッタンは碁盤の目のように縦横に avenue と street が走っているので、"Fifth Avenue, 68 street" というように交差する地点を示してあげれば目的地に連れていってもらえます。

映画シーン① （DVD ch.05, 00:37:10）

Nanny #2 :	I just graduated from Johns Hopkins and I'm taking a year sabbatical before I begin my medical school training.	：ジョンズ・ホプキンス大学を卒業しました。医科コースをとる前に一年間、安息期間をと思いまして。
J.C. :	Fabulous! And what brought you to New York?	：いいわねえ！ どうしてニューヨークに？
Nanny #2 :	I came here to live with a guy but that didn't work out. And then three weeks ago I suffered a nervous breakdown. You see, my father, he tried to commit suicide and when I came home, I found him at the bottom of the stairs. My mother was drunk and she accused me of trying to kill him. So, what did you say your baby's name was?	：男性と一緒に暮らすために来たんですが、うまく行きませんでした。3週間前に神経衰弱になったんです。父が自殺未遂しまして、帰宅したら階段の下に倒れていたんです。母は酔っていて、私が父を殺そうとしたと非難したの。それで、赤ちゃんの名前なんて言いました？

覚えておきたい
重要表現

sabbatical: 休暇　fabulous: 素晴らしい　What brought you to ～:「なぜ～に来たのか」
work out:（苦心して）何とかする、うまく切り抜ける
nervous breakdown: 神経衰弱　commit suicide: 自殺する
accuse 人 of ～: 人を～で非難する

第**5**章
面接者と求職者の会話

リスニング演習 ──── 【Part3形式】

Please listen to a short talk. You must listen carefully to understand what the speakers say. You are to choose the best answer to each question.

5-2

1. ***What kind of organization is The Food Chain known to be?***

    (A) A social media organization
    (B) An international organization
    (C) An admired organization
    (D) A non-profit organization

2. ***Which is NOT described as a good point of The Food Chain?***

    (A) The managers are effective.
    (B) The workers are motivated.
    (C) It enjoys high margins.
    (D) It is the market leader.

3. ***According to the data, what percentage is the company's growth?***

    (A) 2%
    (B) 12%
    (C) 20%
    (D) 80%

4. ***How much is the equity return?***

    (A) In the high twenties
    (B) In the low twenties
    (C) In the high thirties
    (D) In the low thirties

5. ***What question prevented her from sleeping at night?***

    (A) Why is The Food Chain number one in the marketplace?
    (B) Why isn't The Food Chain the marketplace leader?
    (C) Why is The Food Chain growing rapidly?
    (D) Why is The Food Chain so wonderful?

6. ***What did J.C. notice about the answer to this question?***

    (A) It is not complicated.
    (B) It is so stupid.
    (C) It is fantastic.
    (D) It is very difficult.

第**5**章
面接者と求職者の会話

 映画シーン②

（DVD ch.04, 00:39:10）

J.C. : Everybody knows that The Food Chain is one hell of an organization. Your managers are effective, your workers motivated. According to your data, your margins could be the highest in the industry. Twenty percent growth, equity returns in the high twenties. So, what's the problem? Why isn't The Food Chain number one in the marketplace? Now that's the question that's been keeping me up at night. And then, I realized that the answer is so simple.

： フード・チェーンは素晴らしい企業体である事はだれしも認めるところです。管理職は効率を重んじ、従業員の志気は旺盛です。データによりますと営業利益率は業界の中でも最高水準になり得ます。成長率 20％、株主資本利益率は20％台の後半。どこに問題があるでしょう？なぜ業界一になれないのでしょうか？ その疑問で私は夜も眠れませんでした。そしてその答えは極めて簡単な事だった事に気づきました。

覚えておきたい重要表現
one hell of a ～：大変な、ものすごい　margin: 利益率
equity return: 株主資本利益率

リーディング演習 ────【Part7形式】

Directions: You are to choose the best answer, (A), (B), (C), or (D) to each question.

　　J.C. Wiatt is a successful New York City business woman known as the "tiger lady" because of her style of business. She learns that she will get an inheritance from a relative from another country and she thinks that it will be money. J.C. discovers that it's not money, but rather it's a baby girl instead. At first, J.C. doesn't want the little girl until the lady that gives the baby leaves to catch her flight. J.C. is now stuck with an annoying baby girl. Her boyfriend doesn't like the idea of a baby living with them and he leaves her. J.C. takes her to meet a family ready to adopt her. She leaves but hears the baby cry while walking away and has to go back. The baby is too attached to her now and won't let her go. Later, her baby gets into mischief which causes her to get fired. She then sets her eyes on an old two story cottage in Vermont to get out of the New York life. When she arrives, the house needs more help than originally thought. She gets bored one snowy day and decides to make apple sauce. Her baby loves it and she decides to sell it.

7. *Most likely, why is J.C. Wiatt named the "tiger lady"?*
　(A) Because she works very aggressively.
　(B) Because she looks like a tiger.
　(C) Because she roots for the Detroit Tigers.
　(D) Because she eats a lot of meat.

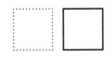

8. *What is true about the moment J.C. met the baby?*
　(A) At first, J.C. was not willing to accept the baby.
　(B) J.C. felt happy since she had no children.
　(C) J.C. preferred a baby to money since she made a lot of money herself.
　(D) J.C. refused to accept the baby because it was a girl.

9. *What happened after J.C. began to take care of the baby?*
　(A) J.C. became too busy to work on the project in Vermont.
　(B) J.C. gradually came to love the baby and keep her.
　(C) J.C. got upset since the baby needed more care than expected.
　(D) J.C. could work very well while taking care of the baby.

覚えておきたい
重要表現

inheritance: 相続財産、遺産
stuck in: 〜で身動きできない　例文：We are stuck in a traffic jam（交通渋滞で動けない）
adopt: 養子にする　get fired: 解雇される　get bored: 退屈する

第5章
面接者と求職者の会話

文法・ボキャブラリーチェック ──【Part5形式】

Directions: Select the best choice to complete the sentence based on the dialogue from this movie.

5-5

10. *I just graduated (   ) Harvard University last May.*

    (A) at
    (B) in
    (C) from
    (D) since

11. *My neighbor tried to (   ) suicide last week.*

    (A) commit
    (B) permit
    (C) omit
    (D) submit

12. *What (   ) you to New York?*

    (A) brought
    (B) took
    (C) pulled
    (D) came

13. *I suffered a nervous (   ).*

    (A) breakfast
    (B) breakdance
    (C) breakthrough
    (D) breakdown

14. *She (   ) me of trying to kill him.*

    (A) accused
    (B) was accuse
    (C) accuse to
    (D) accused on

15. *The Food Chain is one (   ) of an organization.*

    (A) hope
    (B) hand
    (C) hell
    (D) hall

16. **Now that's the question that's been (   ) me up at night.**

    (A) staying
    (B) helping
    (C) waking
    (D) keeping

17. **Our firm's (   ) returns are in the high twenties.**

    (A) sales
    (B) gross
    (C) equity
    (D) income

18. **Why isn't The Food Chain number one in the (   )?**

    (A) market share
    (B) marketplace
    (C) market
    (D) market trends

19. **Fighting over an (   ) is very common in our society.**

    (A) inheritance
    (B) inheritable
    (C) inheritor
    (D) inherit

20. **She always told us that her new boss is really (   ).**

    (A) annoy
    (B) annoyed
    (C) annoying
    (D) annoyance

第 5 章
面接者と求職者の会話

映画の中の気になる表現

　経営コンサルタントは、その専門知識を駆使して、クライアントだけではなかなか解決の糸口が見いだせない課題について、問題を引き起こしている原因を特定し、組織、人事、財務、マーケティング、IT、オペレーションなどの観点から分析し解決策を提案します。

　コンサルタントに求められる資質は、業界知識はもちろんですが、一般的に論理的思考力、プレゼンテーション力、コミュニケーション力と言われています。

　しかし実務経験者の多くが、長時間勤務のため体力が何よりも必要と語っています。

　この映画の中では、J.C. の上司である Fritz が、赤ちゃんを職場につれてきた J.C. に I can still count on you seven days a week, forty-eight hours a day?（今まで通り週7日間、一日 48 時間働けるかね?）と尋ねる場面があります（左下写真参照）。

　プライベートの時間を犠牲にして週末であっても働くことも多く、コンサルティングファームの仕事は激務です。そしてパートナーになれるかどうかで、給与も大きく変わってきます。外資系のコンサルティングファームは、年功序列ではなく実力主義が原則です。多くのコンサルティングファーム（特にトップファーム）では、ハーバード、スタンフォード、MIT といった欧米のビジネススクールで MBA（経営学修士）を取得した人が多いことも特徴と言えるでしょう。昇進の早い人では 30 代前半でパートナーになり、数千万円の年収を得ています。社内の競争も激しく、ボヤボヤしていると後輩にもすぐ抜かれてしまうリスクがあり、職業選択としては向き不向きがあると思われます。

　マネジメントコンサルティングには、マッキンゼー、ボストンコンサルティング、ベインアンドカンパニーなどが有名ですが、IT コンサルティングでは、ブース・アンド・カンパニー、アクセンチュアなどがよく知られています。全ての課題に対して強いコンサルティングファームやコンサルタントを探すことは難しいので、それぞれの専門分野の見極めと、各社のニーズをマッチングさせることが大切です。

第6章

ストーリー

　タバコ研究アカデミー広報部長のニック（アーロン・エッカート）は、禁煙ブームが広がるアメリカでマスコミの矢面に立ち、巧みな話術とスマイルで日夜業界のために戦っていた。ハリウッドスターに映画の中でタバコを吸わせる企画を通したり、パッケージにドクロマークをつけるべきとする議員をやりこめたりと、敏腕ぶりを発揮。しかし、過激派の嫌煙団体に命を狙われ、セクシーな美人記者の罠にはまり…、そして人生最大のピンチがニックに降りかかる！

英語学習のポイント

　この映画には、ロビイスト、議員、新聞記者など、人前で話すことを職業としているキャラクターが多く登場する。主人公ニックの英語は文法的に正確で、注意深く選ばれた言葉や言い回しが使われ、その発音には訛りがなく明瞭である。討論のシーンなど、通常の会話よりも複雑な文法や語彙を使っており難解な場面もあるが、知的で洗練された会話は効果的でおもしろみがあり、仕事の上で優れた教材となる。

SCREENPLAY
名作映画完全セリフ集

THANK YOU
FOR SMOKING
サンキュー・スモーキング
サンキュー・スモーキング
弁論術はこの映画で学べ!!

タバコ業界の敏腕広報が、あらゆる弁論術を駆使してタバコをPRする─。
アメリカ社会をブラックに描き出した社会派コメディ。

原題：Thank You for Smoking
監督：Jason Reitman
出演：Aaron Eckhart /
　　　David Koechner
会社：Fox Searchlight Pictures
制作：2005 年

第6章
論理的思考

論鋭的思考は Critical Thinking とか Logical Thinking と呼ばれています。米国のビジネススクールでは 1990 年代の中頃からその重要性が唱えられ、主要なビジネススクールで必修科目（required courses）の中にも入れられるようになりました。喫煙のような一般的には忌み嫌われる行動でも、論理を上手く展開すれば、相手を説得することができることをこの映画は示唆しています。巧みな話術で相手を丸め込むニックを通して、議論を駆使することの面白さをこの映画では垣間見ることができます。

 映画シーン① （DVD ch.16, 01:10:48） 6-1

Joey : Why did you tell that reporter all your secrets? : 何であの記者に秘密を全部しゃべっちゃったの？

Nick : You're too young to understand. : おまえにはまだわからないさ。

Joey : Mom says it's because you have dependency issues. And it was all just a matter of time before you threw it all away on some tramp. : ママは、パパには心理的依存症があるって。だからパパが悪い女に引っかかって人生を棒に振るのは時間の問題だったって言ってるよ。

Nick : Well, that's one theory. : うん、ママがそう思ってるってだけのことだ。

Joey : Why are you hiding from everyone? : 何でみんなから隠れてるの？

Nick : It has something to do with being generally hated right now. : 今、誰からも憎まれてるってことにいくらか関連してるな。

Joey : But it's your job to be generally hated. : でも、誰からも憎まれるのがパパの仕事でしょ。

Nick : It's more complicated than that, Joey. : そんな単純な話じゃないんだよ、ジョーイ。

Joey : You're just making it more complicated so that you can feel sorry for yourself. Like you always said, if you want an easy job, go work for the Red Cross. You're a lobbyist. Your job is to be right. And you're the best at what you do. You're the Sultan of Spin. : パパは自分がかわいそうだって思えるように、話をややこしくしてるだけなんじゃないの。いつも言ってるでしょ、楽な仕事がしたいのなら赤十字で働けって。パパはロビイストだよ。正しいことを言うのが仕事。それでもってパパはロビイストの中で 1 番なんでしょ。パパは「情報操作の王」なんだから。

覚えておきたい重要表現

dependency: 依存
issue: 問題・課題（例：economic issues 経済の課題）、（雑誌・新聞の）〜号、動詞では（雑誌・新聞を）発行する、（チケット、切符など）を発券する、（声明を）出す
a matter of time: 時間の問題
have something to do with: 〜と何かしら関係している。（have nothing to do with 〜とは何ら関係がない）
Sultan of Spin: 君主の都合の良い解釈。Spin には俗語で（政治家の）言葉の都合の良い解釈のような意味があり、もともとは "ビリヤードでスピンをかけたボールで目的の穴に打ち込む"、曲がった、湾曲したの意味。

第6章
論理的思考

リスニング演習 ———【Part3形式】

Please listen to a short conversation between two people. You must listen carefully to understand what the speakers say. You are to choose the best answer to each question.

6-2

1. What does Nick want to do with Robin?

   (A) Keep him tired
   (B) Keep him sick
   (C) Keep him interested
   (D) Keep him alive

2. According to Nick, who wants Robin Willigers to die?

   (A) The world
   (B) Nick
   (C) Ron Goode
   (D) Joan

3. What does Nick say would happen if people like Robin die?

   (A) Budgets would increase.
   (B) Traffic would increase.
   (C) Misery would increase.
   (D) Smokers would increase.

4. How big is the campaign Nick is about to start?

   (A) 15 thousand dollars
   (B) 50 thousand dollars
   (C) 15 million dollars
   (D) 50 million dollars

5. For Nick, what is the most important thing?

   (A) America's future
   (B) The children of the world
   (C) The world's future
   (D) America's children

6. What happens at the end of the scene?

   (A) Joan asks for more information.
   (B) Nick introduces some new products.
   (C) Joan introduces a TV commercial break.
   (D) Nick asks for some more time to talk.

第**6**章
論理的思考

 映画シーン②

（DVD ch.01, 00:05:37）

Nick :	It's not only our hope, it's in our best interests to keep Robin alive and smoking.	: ロビンが生きて喫煙することは、私たちが望んでいるだけでなく、私たちにとって最大の利益となることなのです。
Ron :	That's ludicrous.	: ばかげている。
Nick :	Let me tell you something, Joan. And please, let me share something with the fine, concerned people in the audience today. The Ron Goodes of this world want the Robin Willigers to die.	: 一言言わせてください、ジョーン。そしてどうか今日の観客の中にいらっしゃる良心的で関心の高い皆さんに言わせてください。このロン・グッドのような人間がこのロビン・ウィリガー君のような子に死んでもらいたがっているんですよ。
Ron :	What?	: 何だって？
Nick :	You know why? So that their budgets will go up. This is nothing less than trafficking in human misery. And you sir ought to be ashamed of yourself.	: なぜかはおわかりですか？ そうなれば彼らの予算が増えますから。人の不幸で金を儲けているようなものです。あなたは恥を知るべきだ。
Ron :	I ought to be ashamed of myself?	: 私に恥を知れだって？
Nick :	As a matter of fact...	: 実のところ…
Nick :	(to the audience) ..we're about to launch a fifty million dollar campaign aimed at persuading kids not to smoke. Because I think that we can all agree that there is nothing more important than America's children.	: （観客に）…われわれは 5000 万ドルを使って、子どもたちにタバコを吸わないよう説得することを目的としたキャンペーン活動を立ち上げるところなのです。なぜならアメリカの子どもたちほど重要なものはないという点で、われわれは皆一致できると考えるからです。
Joan :	All right, now that's something that we're gonna want to know more about, but I have to take a short break. Hang on. A lot more coming.	: わかりました。それについてはもっと知りたいところですが、ちょっと CM を入れなければなりません。チャンネルはそのままで。たくさん続きがあります。

覚えておきたい
重要表現

Let me tell you something: 私に一言言わせてください。（重要な事柄を言う前の前置きとしてよく使われる）
budget: 予算（形容詞で「割安の」という意味がある。）
例：budget hotel（割安ホテル）なお米国の大手レンタカー会社に Budget がある。

リーディング演習 ──── 【Part7形式】

Directions: You are to choose the best answer, (A), (B), (C), or (D) to each question.

　　Nick Naylor is a very talented speaker and can spin almost any argument to defend the cigarette companies that hire him. Nick revels in this job, using twisted logic to make his clients, the tobacco industry, seem to be the do-gooders or victims in almost any situation. Nick's son Joey lives with his mother, but has the chance to know his father more when he is taken on a business trip with him. Nick also develops a relationship with a beautiful reporter, Heather Holloway. As they become closer, Nick tells her some of his job's secrets. Heather betrays Nick by exposing these secrets and then Nick's life turns upside-down. He then decides to re-evaluate everything that was once so dear to him.

7. The words "revel in" in line 2 are closest in meaning to
   (A) works at
   (B) hates
   (C) enjoys
   (D) is good at

8. What is Nick's job description?
   (A) To help victims of the tobacco industry
   (B) A lawyer helping do-gooders
   (C) A reporter defending cigarette companies
   (D) To help the tobacco industry keep a good image

9. Why does everything eventually change for Nick?
   (A) He is fired from his job.
   (B) His son betrays his trust.
   (C) A reporter betrays him.
   (D) His wife's secrets shock him.

覚えておきたい
重要表現

spin:（都合よく受け止められるようなやり方で）対応する　revel in: 大いに楽しむ

第6章
論理的思考

文法・ボキャブラリーチェック────【Part5形式】

Directions: Select the best choice to complete the sentence based on dialogue and descriptions from this movie.

6-5

10. Why did you (   ) him your secret?

　　(A) teach
　　(B) show
　　(C) ask
　　(D) tell

11. You're (   ) young to understand everything.

　　(A) so
　　(B) much
　　(C) too
　　(D) very

12. I think he has dependency (   ).

　　(A) issues
　　(B) issue
　　(C) troubling
　　(D) troublesome

13. It was all just (   ) before you threw it all away.

　　(A) a time problem
　　(B) a matter of time
　　(C) a time matter
　　(D) a problem of time

14. Well, that's one (   ).

　　(A) answer
　　(B) decision
　　(C) theory
　　(D) impression

15. Why are you hiding (   ) everyone?

　　(A) of
　　(B) from
　　(C) with
　　(D) at

16. It has something to do with being (   ) hated right now.

    (A) almost
    (B) about
    (C) greatly
    (D) generally

17. It's more (   ) than that.

    (A) complicate
    (B) complicating
    (C) complicated
    (D) complicates

18. You shouldn't (   ) for yourself just because you failed the test.

    (A) feel so sad
    (B) feel so sorry
    (C) feel so bad
    (D) feel so unhappy

19. If you want an easy job, (   ) for the Red Cross.

    (A) working
    (B) go working
    (C) to work
    (D) go work

20. You're the (   ) at what you do.

    (A) good
    (B) better
    (C) best
    (D) most

第**6**章
論理的思考

映画の中の気になる表現

　喫煙者は、非喫煙者からすれば、近づかないでほしい存在、まして、喫煙を促す仕事をしているロビイストのニックは、憎むべき対象です。以下の会話はその感情を端的に表しています。

(DVD ch.07, 00:29:03)

Nick : I'm a mediator between two sects of society that are trying to reach an accommodation.
: 僕は、互いに歩み寄ろうとしている 2 つの社会派閥の仲介役だよ。

Heather : Interesting. My other interviews have pinned you as a mass murderer, blood-sucker, pimp, profiteer, child killer, and my personal favorite-yuppie Mephistopheles.
: おもしろいわ。私がほかに取材したところで聞いたあなたの評判は、大量虐殺者、搾取者、ポン引き、不当利得者、子ども殺し、それから私のお気に入りは、ヤッピーの悪魔。

Nick : Wow. That sounds like a balanced article.
: へえ。そりゃまた公平な記事だな。

Heather : Who else should I talk to?
: ほかには誰に取材すればいい?

Nick : Fifty-five million American smokers for starters. Or perhaps the American tobacco farmer, who is constantly being treated like a drug smuggler.
: まずは、5500 万人のアメリカ人喫煙者。もしくは、アメリカのタバコ農家。彼らは常に麻薬の運び人のような扱いを受けている。

Heather : I actually do plan on speaking to a tobacco farmer.
: タバコ農家の人にはインタビューするつもりよ。

Nick : Good. They're fine people. Salt of the earth.
: そりゃいい。みんないい人たちだよ。善良で。

Heather : Nick, why do you do this? What motivates you?
: ニック、どうしてこの仕事を? 動機は何なの?

覚えておきたい
重要表現

mediator: 仲介者　accommodation: 和解　pin: (人) を見定める
mass murderer: 大量虐殺者　blood-sucker: 搾取者
pimp: ポン引き　profiteer: 不当利得者　Mephistopheles: 極悪人
drug smuggler: 麻薬の運搬人　salt of the earth: 地の塩《世の腐敗を防ぐ社会の健全な人 (々)、世の指標となる人 (々): 聖書「マタイ伝」から》

第7章

原題：I Am Sam
監督：Jessie Nelson
出演：Sean Penn
会社：New Line Cinema
制作：2001 年

ストーリー

　知的障害のため7歳程度の知能しか持たないサム（ショーン・ペン）は、一人娘のルーシー（ダコタ・ファニング）や、心温かい仲間たちと共に楽しく幸せに暮らしていた。しかしルーシーが7歳になる頃、ソーシャル・ワーカーから、サムは父親としての養育能力がないと判断を下される。最愛の娘との幸福な日々を奪われ、失意に暮れるサム。彼は法廷で戦ってルーシーを取り戻す決意を固め、負け知らずのエリート弁護士、リタを訪ねるが…。

英語学習のポイント

　会話の中では、ビートルズの話や、他の映画からの引用も多く、興味深いものが多い。法廷で使われる専門用語には、少し難しいものが含まれているが、中心となるのは子どもとの会話なので、単語は日常的なもので易しく、英語学習者が参考にできる場面が多い。サムが娘のルーシーにベッドで読んで聞かせる子ども向けの本は、初級英語学習者にも親しまれている作品なので、確認してみよう。

第7章
弁護士と依頼人の会話

弁護士と依頼人の会話はその人間関係によって千差万別ですが、この映画では、負け知らずの辣腕弁護士リタが、7歳程度の知能しかもたないサムの弁護をpro bono（無料奉仕）で引き受けているので、リタが最初は保護者のような態度で接しているのがわかります。しかし家族との人間関係、とりわけ一人息子とのコミュニケーションがうまくとれないリタにとって、娘ルーシーとの強い愛情で結ばれて上手くいっているサムから、愛、そして家族の大切さを思い知らされ、その関係も少しづつ変化していくのがわかります。

映画シーン①　（DVD ch.11, 01:00:44）

Sam : You think what they think. You're my lawyer, and you think what they think? I don't have a chance.	：きみもあの人たちと同じことを思っているんだ。きみはぼくの弁護士なのに、あの人たちと同じことを思っているの？ ぼくには見込みがないって。
Rita : I think... you deserve a fair trial.	：私は…あなたには公正な裁判を受ける権利があると思ってるわ。
Sam : Do you think what they think? Sam can't order food or Sam can't pay a check. Sam can't take care of Lucy.	：きみもあの人たちと同じことを思っているんだろ？ サムは食べ物の注文もできないし、支払いもできない。サムにはルーシーを育てることなんてできないって。
Rita : It doesn't matter what I think. It matters that we win.	：私が思っていることなんてどうでもいいじゃない。私たちが勝つことが重要なのよ。
Sam : It matters what you think.	：きみの思っていることが大切なんだ。
Rita : It doesn't matter to them what I think.	：私が思っていることなんてあの人たちには重要じゃないわ。
Sam : It matters to me! It matters to me!	：ぼくには大切なんだ！ ぼくにとって大切なんだ！

覚えておきたい重要表現　deserve: 〜に値する、価値がある　matter: 重要に思っている

第**7**章
弁護士と依頼人の会話

リスニング演習 ——【Part3形式】

Please listen to a short conversation between Rita and Sam. You must listen carefully to understand what the speakers say. You are to choose the best answer to each question.

1. Who is Sam's conversation partner?

(A) Annie
(B) George
(C) His lawyer
(D) The manager at Pizza Hut

2. What does Sam think is a good thing?

(A) Pizza Hut's manager is gonna testify.
(B) Pizza Hut has opened.
(C) Pizza has become cheaper.
(D) The pizza tastes good.

3. Who told Sam about George?

(A) Rita
(B) Annie
(C) Mr. Harrison
(D) His son

4. What was said that George couldn't do?

(A) Write a song
(B) Testify
(C) Sing a song
(D) Play the guitar

5. What song does Annie like on "Abbey Road" ?

(A) Polythene Pam
(B) Here Comes The Sun
(C) Golden Slumbers
(D) Her Majesty

6. Which member of The Beatles does Rita like best?

(A) John Lennon
(B) Paul McCartney
(C) Ringo Starr
(D) George Harrison

第**7**章
弁護士と依頼人の会話

 映画シーン②

（DVD ch.20, 01:59:22） **7-3**

Rita : No. I worry that I've gotten more out of this relationship than you.

：ううん。私たち2人の間で、得してるのはあなたよりも私の方だから。

Sam : No. No, no, no, no, no. I... I have the lawyer that never loses.

：まさか。ちがう、そんなことないよ。ぼくには…負け知らずの弁護士さんがいる。

Rita : That's me.

：私のことね。

Sam : Yeah. And the manager at the Pizza Hut's gonna testify, and that's good.

：そう。ピザハットのマネジャーも証言してくれるから、それもいいことだよ。

Rita : Absolutely.

：その通り。

Sam : And ... and Annie said that ... George ... they said George Harrison couldn't, maybe couldn't he... he couldn't write a song. But then he wrote "Here Comes The Sun." And she said that it was one of the best songs on "Abbey Road."

：それから…アニーが言ってたけど…ジョージは…ジョージ・ハリスンは歌を作れないって言われてた。でも彼は「ヒア・カムズ・ザ・サン」を作った。アニーはこの歌が『アビイ・ロード』の中でいちばんいいって言ってた。

Rita : George was always my favorite Beatle.

：私はビートルズの中ではずっとジョージがお気に入りだったわ。

Sam : Yeah.Yeah.

：うん。うん。

覚えておきたい
重要表現

Absolutely: 絶対に、そのとおり　Here Comes the Sun: ジョージ・ハリスン作のビートルズの曲。
親友エリック・クラプトンの家の庭でこの曲を書いたと言われている。
Abbey Road: 1969 年にリリースされたビートルズのアルバム。
事実上ビートルズの4人が揃った最後のアルバムで、ビートルズ最高傑作の一つに挙げられている。
Abbey Road というタイトルは、ビートルズがレコーディングした EMI スタジオのあるロンドンの通り
の名前からとっている。
Beatle: The Beatles を構成するメンバーの一人なので、単数形にして Beatle と言っている。

リーディング演習 ──── 【Part7形式】

Directions: You are to choose the best answer, (A), (B), (C), or (D) to each question.

Sam Dawson has the mental capacity of a 7-year-old. He works at a Starbucks and is obsessed with The Beatles. He had a daughter with a homeless woman; she abandons them as soon as they leave the hospital. He names his daughter Lucy Diamond (after The Beatles song), and raises her by himself. But as she reaches age 7, Sam's mental limitations start to become a problem at school as Lucy is intentionally holding back to avoid looking smarter than her father. The authorities take her away, and Sam gets the high-priced and cold-hearted lawyer Rita Harrison into taking his case pro bono. In the process, he teaches her a great deal about the value of love and family.

7. What is indicated about The Beatles?
(A) Sam is obsessed with The Beatles.
(B) Sam dislikes Beatles songs.
(C) Sam works at a Beatles shop.
(D) Sam joined a Beatles tour.

8. The word "capacity" in line 1, is closest in meaning to
(A) delay
(B) token
(C) disease
(D) ability

9. Why do the authorities try to take his daughter Lucy from Sam?
(A) Sam is having difficulty trying to raise her.
(B) Rita can become her new parent.
(C) Sam is very busy working at Starbucks.
(D) Sam requested a lot of compensation from the authorities.

10. What is true about Rita Harrison?
(A) She is an old classmate of Sam.
(B) She accepted a small lawyer's fee.
(C) She is indifferent to Sam and Lucy.
(D) She will help Sam free of charge.

11. What is inferred from this excerpt?
(A) Lucy is as smart as Rita Harrison.
(B) Lucy is as smart as her father.
(C) Lucy is not smarter than her father.
(D) Lucy is smarter than her father.

mental capacity: 知的能力　be obsessed with: 取りつかれている　abandon: 見捨てる
Lucy Diamond: ビートルズの曲のタイトルである "Lucy in the Sky with Diamonds" にちなんで名づけられた名前。
hold back : 本当の能力を示さない　cold-hearted: 冷淡な　pro bono: 無料奉仕

第**7**章
弁護士と依頼人の会話

文法・ボキャブラリーチェック ─── 【Part5形式】

Directions: Select the best choice to complete the sentence based on the dialogue from this movie.

7-5

12. *You (   ) a fair trial.*

    (A) serve
    (B) arrive
    (C) receive
    (D) deserve

13. *It (   ) to me.*

    (A) matter
    (B) matters
    (C) material
    (D) mattering

14. *The manager at the Pizza Hut's (   ) testify.*

    (A) go
    (B) goes
    (C) gotta
    (D) gonna

15. *A: Is the answer D? B: (   ).*

    (A) Generally
    (B) Absolutely
    (C) Terribly
    (D) Approximately

16. *You think (   ) they think.*

    (A) when
    (B) where
    (C) what
    (D) which

17. *I've (   ) more out of this relationship than you.*
(A) get
(B) got
(C) gotten
(D) gets

18. He is (   ) with The Beatles.
(A) obsessed
(B) crazy
(C) enthusiastic
(D) done

19. *He named his daughter Lucy Diamond (   ) The Beatles song.*
(A) after
(B) before
(C) into
(D) following

20. *Lucy is (   ) back to avoid looking smarter than her father.*
(A) taking
(B) going
(C) coming
(D) holding

第**7**章
弁護士と依頼人の会話

映画の中の気になる表現

　映画 I Am Sam では法律用語がたくさん出てきます。以下いくつか紹介しましょう。

　また、実際の法廷シーンでは、Mr. Turner と弁護士 Rita の言葉の応酬が繰り返されますが、以下の場面はこの映画のテーマ、つまり知的能力と愛する能力の関係について述べられています。

> Mr. Turner: Excuse me. Your Honor, I'm talking about entrusting an eight-year-old's welfare in the hands of someone whose record shows ... has been diagnosed with autistic tendencies, mental retardation, he's not capable... （DVD ch.17, 02:22:07）
> （失礼。裁判長、私は 8 歳の子どもの養育を、自閉症の傾向および知的障害と診断された記録のある人物にゆだねることについて話しているのです。彼の能力では…）
>
> Rita:　　　Objection. Move to strike that from the record. It is clear that one's intellectual capacity has no bearing on their ability to love. Your Honor, would you please instruct counsel to proceed with a modicum of sensitivity? （DVD ch.11, 01:03:44）
> （異議あり。記録から削除を求めます。知的能力は愛する能力に関係ない、ということは明らかです。裁判長、もう少し発言に気をつけるよう、検事にご指導いただけないでしょうか。）

このようなシーンを理解するためのは、以下のような法廷で使用されている裁判用語に慣れておく必要があります。

●裁判用語

The confidentiality will be waived.（守秘義務は放棄されます）	
Your Honor	（裁判長）
Objection	（異議あり）
Sustained.	（（異議）を認めます）
Overruled.	（（異議）を却下します）
No further questions.	（質問は以上です）
Motion to strike.	（削除を求めます）

　なお、Sam には、ユニークな友人がたくさんいます。隣人で自閉症の Anne もその一人ですが、Sam のために 20 年ぶりに外出をしてくれて、法廷で証言します。

> Rita:　Didn't you graduate magna cum laude from the Julliard School of Music?
> （ジュリアード音楽院を優等で卒業したんですよね？）
> Anne: Summa cum laude. （DVD ch.14, 01:12:30）
> （首席でした）

Business English in Movies

第**8**章

ストーリー

　キンブル（ハリソン・フォード）は腕利きの外科医。ある日、手術から帰宅すると、息も絶え絶えの妻が。殺人犯に逃げられ、彼が妻を殺したことになってしまう。無罪を主張するキンブルに下される裁判官の冷酷な死刑判決。しかし、彼にも一脈の光が見えた。護送途中に起こった混乱に乗じてキンブルも逃げ出すことができたのだ。真犯人を追いながら逃亡を続けるキンブルを、執拗に追いつめていくやり手の連邦保安官補ジェラード。頭脳明晰の二人は激しくぶつかり合い、物語は佳境へ…。

原題：The Fugitive
監督：Andrew Davis
出演：Harrison Ford /
　　　Tommy Lee Jones /
　　　Julianne Moore
会社：Warner Bros. Pictures
制作：1993 年

英語学習のポイント

　聞き取りやすい標準米語が中心。捜査の聞き込みなど質問形式の会話が多く、実践に役立つ表現が満載。幅広いレベルの方が楽しめる作品である。また、海外に出かけるとき、聞き取りで最優先に学んでおきたいことは、緊迫した状況下での危機英語。警察関連が多く登場するこの映画はそのリスニング力をつけるのにうってつけと言える。立場上、用件を簡潔に伝えるキンブルと、ぶっきらぼうなジェラードの会話スタイルの対比も面白い。

第8章
保安官と証人の会話

証人（witness）からそのときの状況を聴収する場面は映画でよく見られるシーンです。トミー・ジョーンズ演じるジェラード連邦保安官補（Deputy）に、女医のアン（ジュリアン・ムーア）が犯人を取り逃がした状況を聞いている場面です。トミー・リー・ジョーンズは最近日本ではサントリーの BOSS コーヒーのＴＶコマーシャルで宇宙人役として登場しコミカルな役柄を演じていますが、米国映画界を代表する二枚目俳優の一人です。彼はこの映画『逃亡者』The Fugitive で第 66 回アカデミー助演男優賞を受賞しました。

 映画シーン① （DVD ch.26, 01:12:57）

Gerard : So a guy disguised as a janitor orders an emergency medical procedure and the only thing you do to him is take away his I.D. card?

： それで掃除夫になりすました男が緊急医療処置を指示した、なのにあなたがしたことはその男の身分証明の名札を取っただけというわけですね？

Anne : No. I called Security and he took off down the hall. What was I supposed to do? Listen, uh, Mr...?

： いいえ。警備員を呼んだら廊下を走っていってしまったんです。どうすればよかったとおっしゃるのですか？ いいですか、えー、お名前は？

Gerard : Deputy...Gerard.

： ジェラード連邦保安官補です。

Anne : I'm really tired. I'd like to go home now.

： 本当に疲れてますの。家に帰りたいんですけど。

Gerard : Okay. How's the boy doing?

： いいですよ。その男の子の容体は？

Anne : He saved his life.

： 命拾いしましたわ。

Gerard : Thank you.

： ありがとう。

覚えておきたい
重要表現

disguise: 変装する　janitor: 掃除夫　emergency medical procedure: 緊急医療処置
take off: 急いで立ち去る、突然逃げる
listen: （相手の注意を引くために）ねえ、いいですか、ちょっと
deputy: 保安官代理、執行官次官

第**8**章
保安官と証人の会話

リスニング演習────【Part3形式】

Please listen to a short conversation between two people. You must listen carefully to understand what the speakers say. You are to choose the best answer to each question.

1. Where does this conversation most likely take place?

(A) A laboratory
(B) Anne's house
(C) In a hospital
(D) In an operating room

2. According to Anne, what was Kimble looking at?

(A) A patient's video
(B) A patient's brain
(C) A patient's schedule
(D) A patient's x-rays

3. According to Kimble, what is his hobby?

(A) Brain surgery
(B) Cleaning rooms
(C) Talking with patients
(D) Looking at x-rays

4. What does Anne want to know?

(A) The reason that the boy went to surgery
(B) The reason that Kimble did surgery on a boy
(C) The reason that the boy saw his x-rays
(D) The reason that Kimble had his x-rays

5. What does Kimble say he is?

(A) A doctor
(B) A janitor
(C) A housekeeper
(D) A scholar

6. What does Anne suspect?

(A) Kimble isn't who he says he is.
(B) The boy died a few days ago.
(C) Kimble's hobby is doing operations.
(D) Kimble is telling the truth.

第**8**章
保安官と証人の会話

 映画シーン②

(DVD ch.26, 01:11:50)

Anne :	Hey. Do you have a particular interest in our patient's x-rays?	: ねえ。この病院の患者のレントゲン写真に何か特別な興味でもあるの？
Kimble :	What do you mean?	: どういう意味ですか？
Anne :	I saw you looking at that boy's chest film.	: あの男の子の胸のレントゲンを見ていたけれど。
Kimble :	(chuckles) Well, it's a hobby of mine.	: （クスクス笑う）私の趣味なんです。
Anne :	It's a hobby, really?	: 趣味なの、本当に？
Kimble :	Yeah.	: ええ。
Anne :	What are your other hobbies? Brain surgery?	: 他にはどんな趣味をお持ちですの？ 脳外科手術かしら？
Kimble :	What do you want?	: 何を言いたいのですか？
Anne :	I wanna know how that boy ended up in surgery.	: あの子がどうして手術をすることになったのか知りたいの。
Kimble :	Look, I'm a janitor. I do what I'm told.	: いいですか、私は掃除夫ですよ。言われたことをするだけです。
Anne :	That's bullshit. Who changed those orders?	: そんなのでたらめよ。じゃああの指示を変更したのは誰なの？
Kimble :	I don't know what you mean.	: 何をおしゃっているのかわかりませんが。
Anne :	You stand right there.	: ここから動かないで。

覚えておきたい
重要表現

have a particular interest in: 〜に特別の興味を持つ　brain surgery: 脳外科手術
end up in: 最後には〜になる
例文 Brian ended up in prison.（ブライアンは最後には刑務所に入った）
bullshit: （俗語）ナンセンス、戯言

リーディング演習 ──── 【Part7形式】

Directions: You are to choose the best answer, (A), (B), (C), or (D) to each question.

A well respected Chicago surgeon Dr. Richard Kimble has found out that his wife, Helen, has been murdered ferociously in her own home. The police found Kimble and accused him of the murder. Then, Kimble (without justifiable reason) was tried, convicted, and sentenced to death. However, on the way to prison, Kimble's transport crashed. Kimble escapes and is now on the run. Deputy Samuel Gerard from Chicago takes charge of the chase of Kimble. Meanwhile, Kimble makes up his own investigation to find who really killed his wife, and to lure Gerard and his team into it as well.

7. The word "convicted" in line 4, is closest in meaning to

(A) To be convinced he is innocent
(B) To be guilty of a criminal offence
(C) To be determined to tell the truth
(D) To be tired of doing something

8. What is suggested from this passage?

(A) Kimble is arrested by Deputy Samuel Gerald.
(B) Kimble is in prison now.
(C) Kimble is working together with the Deputy to find who really killed his wife.
(D) Kimble is free but must avoid being caught by the Deputy.

9. What was supposed to happen to Dr. Kimble?

(A) Start a new job as a police investigator.
(B) Go to prison and receive the death penalty.
(C) Learn how the transport crashed.
(D) Join Deputy Gerald's team.

覚えておきたい 重要表現

surgeon: 外科医 内科医は physician　ferociously: 残忍な　convicted: 有罪判決を受ける
sentence to death: 死刑判決を受ける　on the run: 逃走している
take charge of: 担当している　lure: 誘い込む

第**8**章
保安官と証人の会話

文法・ボキャブラリーチェック ——— 【Part5形式】

Directions: Select the best choice to complete the sentence based on the dialogue from this movie.

8-5

10. I just did (   ) I was told.

    (A) what
    (B) where
    (C) when
    (D) who

11. A (   ) is a person who cleans rooms.

    (A) judge
    (B) janitor
    (C) jumper
    (D) jail warden

12. Do you have a particular (   ) in this picture?

    (A) interest
    (B) interests
    (C) interesting
    (D) interested

13. I'm in charge of brain (   ) for this hospital.

    (A) surgeon
    (B) surgery
    (C) surgical
    (D) surgically

14. Do you know how the boy (   ) up dying?

    (A) end
    (B) ending
    (C) ends
    (D) ended

15. That's (   ). I can't believe it.

    (A) bullshitted
    (B) bullshitting
    (C) bullshit
    (D) bullshits

16. **Did you see a man who was (   ) as a doctor?**

   (A) dismissed
   (B) disguised
   (C) disrespected
   (D) distinguished

17. **He took (   ) down the hall.**

   (A) away
   (B) over
   (C) far
   (D) off

18. **Do you know where the (   ) exit is in this building?**

   (A) opening
   (B) isolation
   (C) emergency
   (D) arrangement

19. **It's (   ) to rain this afternoon.**

   (A) suppose
   (B) supposed
   (C) supposing
   (D) being supposed

20. **The ambulance arrived soon after the boy was hit by a car.**
   So, his (   ) was saved.

   (A) life
   (B) live
   (C) body
   (D) breath

第**8**章
保安官と証人の会話

映画の中の気になる表現

　映画『逃亡者』The Fugitive は、医師と製薬会社（pharmaceutical firm）の腐敗した関係（corrupted relationship）がテーマになっています。テレビドラマでも一万円札の束が入った菓子折りを医師が受け取るシーンが見られますが、どこの国でも医師の倫理意識（awareness of ethics）を高めることが常に求められます。主人公キンブルは、自分の無実を晴らす手がかりを探るためにシカゴにある病院、Cook County Hospital に掃除夫に扮して潜入します。そこで偶然、緊急搬送されてきた少年が適切な処置を受けていないことを胸部のレントゲン写真で見抜き、自分が逮捕されるリスクを顧みず医師としての倫理観から、エレベーターの中でカルテを改ざんし、少年の命を救います。腕利きの外科医ならではの判断と思われるこの場面は痛快です。

（DVD ch.26 , 01:10:17）

Kimble:	You just hang on, okay?	（さあ頑張ろう、いいかい？）
Joel:	It hurts. It hurts.	（痛い。痛いよ）
Kimble:	You're gonna be okay, pal. You're gonna be just fine.	（すぐによくなるよ。坊や。よくなるよ）
	Hold that elevator. Watch out. Thank you.	（そのエレベーターを押さえてください。気をつけて。どうも）
	Hey, Joel. How're you doing, kiddo?	（ジョエル。調子はどう、ぼうや？）
Joel:	My chest hurts.	（胸が痛いよ）
Kimble:	Yeah? Where's your mom, pal?	（そうだね。お母さんはどこにいるのかな、坊や）
Joel:	I don't know.	（分かんない）
Kimble:	Is she home?	（家かな？）
Joel:	I think she's with my brother.	（弟と一緒だと思う）
Kimble:	Your brother? They downstairs?	（君の弟かい？ 下にいるんだね）
Joel:	I don't know.	（分かんない）
Kimble:	Well, don't you worry. We'll get a hold of her for you.	（さあ、心配いらないよ。私たちが連絡してあげるからね）
	What are you, a football player? A baseball player?	（君は何の選手かな？ フットボールの 選手かい、それとも野球の選手かい？）
Joel:	Football.	（フットボールだよ）
Kimble:	Hold on, son.	（頑張るんだぞ、坊や）

　なお映画シーン②（P68）では、女医からキンブルが搬送する途中で少年にとった奇妙な行動を問い詰められている場面です。医師の倫理を扱った映画や TV ドラマについて日本では「白い巨塔」（山崎豊子原作）が有名ですが、他にもいくつかあります。以下関連単語を紹介します。耳慣れない単語かもしれませんが、覚えてしまうことをお勧めします。

★ 賄賂：bribe、着服・横領：embezzlement

第9章

原題：Field of Dreams
監督：Phil Alden Robinson
出演：Kevin Costner /
Amy Madigan
会社：Gordon Company
制作：1989 年

ストーリー

アイオワ州で農業を営むレイ・キンセラ（ケビン・コスナー）は、愛する家族と共に平凡ながら幸せに暮らしていた。ある日彼はトウモロコシ畑で突然、天の声を聞く。「それを作れば、彼はやって来る」というのだ。

野球選手への夢を諦めて結局、何の冒険もしないまま人生を終えた父のようにはなりたくないとの思いから、レイは思い切って天の声を信じ、畑をつぶして球場を作る。そこにシューレス・ジョー（レイ・リオッタ）がかつての仲間を連れて現れた…。

英語学習のポイント

アメリカの文化に大きなウェートを占める野球が題材であり、往来の名プレーヤーの名前や、ルールに関する専門用語が出てくる。日常会話の中にも野球に関係した言葉が広く浸透していることが分かる。

それ以上に印象的なのは、レイの妻アニーやテレンスら激動の 60 年代を生きた世代の、愛と平和へのエネルギーに溢れた言葉であり、人に対するいたわりと優しさの表現である。全体に標準米語で会話スピードも速くなく取り組みやすい映画だ。

第**9**章
夢・希望・家族の絆

『フィールド・オブ・ドリームス』Field of Dreams は、小説『シューレス・ジョー』を原作にフィル・アルデン・ロビンソンが監督と脚色を兼任した野球を題材にしたファンタジー映画です。60 年代をキーワードとして夢や希望、家族の絆といった米国で讃えられる美徳を描き上げました。米国のみならず、野球好きの多い日本でも大ヒットしました。米国人の多くは、ニューヨーク、ロサンゼルス、シカゴといった大都市ではなく、広大なスペースのある田舎で、家族を大切にしながら、マイペースで生活しています。この映画からもその様子を知ることができます。

映画シーン① （DVD ch.31, 01:29:41）

Mark :	Do not sell this farm, Ray. You got to keep this farm.	： ここは売るな、レイ。この農場は手放すな。
Annie :	Mark, you've had a very rough day. Why don't you go inside and get something cold to drink?	： マーク、大変な日だったわね。中に入って冷たいものでも飲む？
Mark :	Yeah. That's a g-…That's a good idea. Don't sell the farm, Ray.	： ああ、それがいいね。農場は売るんじゃない、レイ。
Shoeless Joe :	Ray? We're gonna call it a day. See you tomorrow.	： レイ？ 今日はこれで終わるよ。明日また。
Ray :	Okay.	： オーケー。
Terence :	All right.	： 分かった。
Shoeless Joe :	Hey, do you wanna come with us?	： おい、一緒に来るかい？
Ray :	You mean it?	： 本気なの？
Shoeless Joe :	No, not you…Him.	： いや、君じゃない…彼だ。
Ray :	Him?	： 彼？
Terence :	Come with you?	： 私が一緒に？
Shoeless Joe :	Out there.	： 向こうに。
Terence :	What is out there?	： 向こうには何が？
Shoeless Joe :	Come and find out.	： 来て確かめればいい。
Ray :	Wait a second. Wait a second. Why him? I built this field. You wouldn't be here if it weren't for me.	： 待って。待ってよ。どうして彼なんですか？ 僕がこの球場を作ったんですよ。僕がいなければあなたはここにいないんだ。
Terence :	Ray, for God's sake.	： レイ、頼むから。
Ray :	Well, you wouldn't be here if it wer-…	： あなたはここにいないはず…
Terence :	I'm unattached. You have a family.	： 私は独り者だ。君には家族がある。
Ray :	I know, but I wanna know what's out there. I wanna see it.	： 分かってる、でも僕だって向こうに何があるか、知りたいよ。見てみたいさ。
Shoeless Joe :	But you're not invited.	： でも君は誘ってない。
Ray :	Not invited? What do you mean, I'm not invited? That's my corn out there! You guys are guests in my corn!	： 誘ってない？ どういうことですか、それは、僕は誘っていない？ あそこは僕のコーン畑だ。あなたたちが僕のコーン畑に来たお客なんですよ！

覚えておきたい
重要表現

call it a day: 今日はこれでおしまい（口語の決まり文句）
for God's sake: 頼むから（口語の決まり文句）　I'm unattached: 自分は独り者だ

リスニング演習 ──── 【Part3形式】

Please listen to a short conversation between two people. You must listen carefully to understand what the speakers say. You are to choose the best answer to each question.

1. What most likely is Ray's occupation?

(A) Farm lawyer
(B) Farm banking assistant
(C) Corn farmer
(D) Field landscaper

2. What might happen to Ray and his family?

(A) They will lose a lot of money.
(B) They will lose only a little bit of money.
(C) They will make a lot of money.
(D) They will not make money, but not lose money.

3. What did they use their financial savings on?

(A) Farm equipment
(B) Making a field
(C) Making corn
(D) Keeping their lawn

4. What does Karin say to her father?

(A) There is a man coming for coffee.
(B) There is a man knocking at the door.
(C) There is a man outside farming corn.
(D) There is a man standing out on the grass.

5. What does Annie suggest to Ray?

(A) Go out to meet the man
(B) Go make some coffee
(C) Go to the side of the house
(D) Go and give the man some corn

第**9**章
夢・希望・家族の絆

 映画シーン②

（DVD ch.07, 00:17:35）

Ray：	So how bad is it?	： どれぐらいの赤字？
Annie：	Well, considering how much less acreage we have for corn, I'd say we'll probably.almost break even. We used up all our savings on that field, Ray.	： えーと、コーン畑の収穫面積が減った分を計算に入れると、収支トントンね…貯金はすべて球場に使っちゃったわ。
Karin：	Daddy?	： パパ？
Ray：	Just a minute, Karin.	： ちょっと待ちなさい、カリン。
：	So what are you saying? We can't keep the field?	： つまりどういう事？ 球場が維持できないということか？
Annie：	Makes it real hard to keep the farm.	： 農場を維持することさえ難しいわ。
Karin：	Daddy?	： パパ？
Ray：	In a minute, Karin!	： 待ちなさい、カリン！
Karin：	There's a man out there on your lawn.	： 芝生に誰か人がいる。
Annie：	I'll put up some coffee. Why don't you go on outside?	： コーヒーを用意するわ。外へ行ってらっしゃいよ。

覚えておきたい
重要表現

break even: 収支均衡　use up: 使い果たす　put up:（食事、飲物などを）を用意する

リーディング演習 ——【Part7形式】

Directions: You are to choose the best answer, (A), (B), (C), or (D) to each question.

　　One day, financially struggling Iowa farmer Ray Kinsella hears a voice in his cornfield to tell him, "If you build it, he will come." Ray has a strong feeling that this mysterious message is a request to build a baseball field on his farm. All those around him think he is crazy, but Ray finishes making the baseball diamond in his cornfield. Soon after, the ghosts of Shoeless Joe Jackson and the other shamed seven Chicago White Sox baseball players caught throwing the 1919 World Series come and play in Ray's baseball diamond. When the voices continue, Ray seeks out a reclusive author to help him understand the meaning of the messages and the real purpose for his field.

6. Why does Ray make a baseball field on his farm?

    (A) To make some extra money

    (B) To practice playing a sport he loves

    (C) All those around him are crazy about baseball.

    (D) He receives a strange message to make it.

7. What is true according to the passage?

    (A) Ray has lots of money to spend.

    (B) Ray never finishes making the baseball field.

    (C) Ray is visited by four angry ghosts.

    (D) Ray wants someone to help him understand the message.

8. The word "throwing" in line 7 is closest in meaning to:

    (A) Intentionally losing

    (B) Appearing in

    (C) Winning easily

    (D) Pitching in

注記
　　1919 年のワールドシリーズは、1919 年 10 月に行われました。このシリーズが MLB 史に残る八百長事件（ブラックソックス事件）の舞台となりました。アメリカンリーグのシカゴ・ホワイトソックスとナショナルリーグのシンシナティ・レッズとの対戦で、ホワイトソックスが圧倒的有利と予想されていたが、予想を覆してレッズが５勝３敗でホワイトソックスを下しました。不自然なミスプレーが目立ち、シリーズ中から八百長疑惑は浮上していましたが、ジョー・ジャクソン（シューレスジョー）らホワイトソックスの 8 人の選手が八百長行為に加担していた事が明らかになり球界追放になりました。なお、英語で八百長試合のことを、fixed game と言います。

覚えておきたい
重要表現

　　throw: わざと負ける　reclusive: 隠居生活の

第**9**章
夢・希望・家族の絆

文法・ボキャブラリーチェック───【Part5形式】

Directions: Select the best choice to complete the sentence based on dialogue and descriptions from this movie.

9. Do not (   ) this farm.

(A) sale
(B) sold
(C) sell
(D) seal

10. You gotta (   ) the farm.

(A) stay
(B) keep
(C) remain
(D) hold

11. I've (   ) a very rough day!

(A) got
(B) been
(C) did
(D) had

12. (   ) go outside and leave us alone?

(A) Why aren't you
(B) Why can't you
(C) Why don't you
(D) Why isn't you

13. We're gonna (   ).

(A) call it stop time
(B) call it the end
(C) call it no more
(D) call it a day

14. Hey, do you wanna (   ) with us?

(A) together
(B) follow
(C) come
(D) move

15. You (   ) it?

    (A) are meaning
    (B) meaning
    (C) mean
    (D) are mean

16. Hey, wait a (   ) !

    (A) time
    (B) second
    (C) while
    (D) clock

17. Why him? I (   ) this field.

    (A) manufactured
    (B) produced
    (C) assembled
    (D) built

18. You wouldn't be here if it (   ) for me.

    (A) weren't
    (B) wasn't
    (C) isn't
    (D) can't

19. (   ) do you mean, I'm not invited?

    (A) Why
    (B) What
    (C) How
    (D) How come

20. You guys are (   ) in my corn!

    (A) customers
    (B) clients
    (C) guests
    (D) consumers

映画の中の気になる表現

第9章
夢・希望・家族の絆

　以下マークとレイの会話は、野球場の存続を巡って、それを手放すかどうか、土壇場の会話が行われています。その中でレイが、"Read my lips"（よく聞くんだ）と言います。これはイディオムで、何度言ってもわからない相手に対して使用することが多いです。1988 年米国大統領選挙戦で George Herbert Walker Bush（第 41 代米大統領）の "Read my lips. No new taxes."（よく聞き給え。新しい税はありえない）という言葉ですっかり有名になりました。同氏は大統領就任後、選挙戦での公約を反古にして増税を行いました。そのことも一因となって、1992 年の大統領選挙では、民主党選出でアーカンソー州知事のビル・クリントン候補に惜敗します。

(DVD ch.28, 01:21:39)

Mark :	Ray! Ray, you have no money! You have a stack of bills to choke a pig and come fall, you've got no crop to sell. But I do have a deal to offer you that's gonna allow you to stay on the land.	：レイ！ レイ、お金がないじゃないか！ 山ほど借金をかかえ、秋になってもお金になる収穫もない。でも僕の話に乗るんなら、このままここに住めるんだ。
Karin :	Daddy?	：パパ？
:	We don't have to sell the farm.	：農場は売らなくていいわ。
Mark :	Let us buy you out. We'll leave the house. You can live in it rent free as long as you want.	：僕たちが買い取る。家は残しておくから。家賃なしでいつまででも住んでいいよ。
Ray :	What...? What about...? What about the baseball field?	：野球場はどうなる、マーク。
Mark :	Ray, do you realize how much this land is worth?!	：君はここの土地の値段がわかってるのか？
Ray :	Yeah. Yeah. Twenty-two hundred bucks an acre.	：ああ。1エーカー２２００ドルだ。
Mark :	Well, then you gotta realize we can't keep a useless baseball diamond in the middle of rich farm land.	：それなら、この肥沃な土地のど真ん中を、無用の野球場なんかにしておけないのはわかるだろう。
Ray :	Read my lips, Mark! We're staying, all right?! We're staying!	：よく聞くんだ、マーク。僕らはこのまま住み続ける、分かったか？！ このまま！
Mark :	Ray, you're bankrupt! I'm offering you a way to keep your home because I love my sister! Now my partners, Ray, they don't give a damn about you and they're ready to foreclose right now!	：レイ、君は破産してるんだぞ！ 僕は愛する妹のために、家だけは残す道を君に教えてるんだ！ いいか、僕の仲間は君達の事なんか全く気にしていない。いつでも差し押さえると言ってる。
Karin :	Daddy, we don't have to sell the farm.	：パパ、農場は売らなくてもいいわ。
Mark :	Karin, please!	：カリン、お願いだから！
Ray :	Just wait! Wait!	：待てよ！ 待て！
Karin :	People will come.	：人が大勢やってくるわ。

覚えておきたい
重要表現

a stack of: 山のような
choke a pig: 豚の喉を詰まらせるぐらい→請求書がそれほどたくさんある、という比喩表現。
come fall＝when fall comes（仮定法現在形で）秋が来ると　What about 〜?: 〜はどうなる?
bucks: 米ドルの俗称　Read my lips: よく聞いてくれ　bankrupt: 破産している
don't give a damn about 〜: 全然気にしない、知ったことじゃない

第10章

ストーリー

　エリン・ブロコビッチ（ジュリア・ロバーツ）は、離婚歴2回で3人の子持ち。

　無学、無職、貯金残高 16 ドルという、お世辞にも上手くいっているとは言えない人生を送っていた。そんなエリンが、なんとか就職した法律事務所で偶然手がけた依頼人について調べているうちに、エネルギー業界の巨大企業が引き起こしている公害を追求する訴訟に携わることになったから大変なことに…。

原題：Erin Brockovich
監督：Steven Soderbergh
出演：Julia Roberts /
　　　David Brisbin
会社：Columbia and Universal
制作：2000 年

英語学習のポイント

　ジュリア・ロバーツ演じるエリンは短気で、腹がたつと早口で相手を罵倒する。その毒舌ぶりは相手も呆れるほどだが、彼女の発言にはパワーがあり、いつの間にかみんな彼女に引き込まれていく。

　特に弁護士のエド・マスリーとの会話は、ストーリーが進むにつれ、変化していく。初めはエリンに圧倒されるばかりのエドだが、後半には立場が逆転したような発言をするようになる。この映画からは多くの「生きたセリフ」を学ぶことができるだろう。

第10章
雇用者と被雇用者の会話

米国は日本と比較すると、雇用者の都合により解雇されるリスクが高く、求職活動をすることが、生活の一部になっている人も少なくありません。基本的には交渉社会なので、黙っていないで自己主張をするべきです。「沈黙は金」ではなく意思がない、意欲がない、意見がない、と思われてしまっても仕方ありません。以下エリンの会話はかなり強気で押しの強さが目立ちますが、言ってみるだけ言ってみる、決めるのは相手なのだから、という立場が普通であると米国で生活をするなら思っておいたほうが良いでしょう。

映画シーン① （DVD ch.13, 00:44:57）

Ed :	The... That document you found at the water board ... the one that says uh... about the bad chromium ... you didn't happen to make a copy, did you?	： 君が水質管理局で見つけた…その…その書類だが、えーと…その悪いクロムのことが書かれてるやつだが、まさかコピーをとったなんてことはないだろうな？
Erin :	Of course I did.	： もちろんとったわよ。
Ed :	Well, could I have a look at it?	： じゃあ、ちょっと見せてもらえるかな？
Erin :	I want a raise. And benefits, including dental!	： 給料を上げてほしいわ。それに、手当ても欲しいし、歯科治療費もつけてほしいわね。
Ed :	Oh, Erin, this isn't the way I do business.	： エリン、こういうのは私の仕事のやりかたじゃないな。
Erin :	What way is that?	： こういうのは何のやりかたなの？
Ed :	Extortion!	： ゆすりだ！
Ed :	Okay, a five percent raise. We'll talk about benefits later.	： わかった、5パーセントの昇給。手当てのことは後で話し合おう。
Erin :	Ten. There are lots of other places I could get work.	： 10パーセント。他所にもあたしを雇ってくれるところはたくさんあるわ。
Ed :	Ten percent raise and benefits. But that's it.	： 10パーセントの昇給と手当てだ。でもここまでだ。
Ed :	I'm drawing the line.	： これ以上は出せない。
Erin :	(to Beth) He's drawing the line.	：（ベスに）おじちゃんはこれ以上は出せないんですって。

覚えておきたい
重要表現

raise: 昇給（pay raise） benefit: 手当 extortion: ゆすり
That's it: ここまでだ。 draw the line: 線を引く（限界を設ける）

リスニング演習 ────【Part3形式】

第**10**章
雇用者と被雇用者の会話

Please listen to a short conversation between Erin and Ed. You must listen carefully to understand what the speakers say. You are to choose the best answer to each question.

10-2

1. What does Erin want?
(A) Honey
(B) A phone call
(C) A job
(D) Some money

2. What does Ed initially say to Erin?
(A) He can't help her.
(B) He will help her.
(C) He helped her once before.
(D) He will help her in the future.

3. What has Erin been doing for the past six years?
(A) Working on a farm
(B) Raising a family
(C) Working for Ed
(D) Working as a teacher

4. What does Erin say about herself?
(A) She is a quick learner.
(B) She has a good smile.
(C) She can type fast.
(D) She is hardworking.

5. What does Erin suggest to Ed?
(A) He can fire her if she is bad.
(B) He can give her less money if she is bad.
(C) He can make her beg.
(D) He can make her work for free.

6. What does Ed offer Erin at the end of the conversation?
(A) A bag of money
(B) A job with benefits
(C) A way to keep fit
(D) A job with no benefits

 映画シーン②

（DVD ch.05, 00:13:34）

Ed :	I'm sorry about that, I really am.	： その件については悪かった、本当にすまない。
Erin :	I don't need pity. I need a paycheck. And I've looked. But when you spend the past six years raising babies it's real hard to convince someone to give you a job that pays worth a damn. (to Brenda) Are you gettin' every word of this down, honey, or am I talkin' too fast for you?	： 同情なんか要らないわ。要るのは給料よ。だから、仕事を探してたの。でも、6年間子育てしてたとなると、ちょっとでもお金になりそうな仕事がもらえるように相手を納得させるのは本当に大変なのよ。（ブレンダに）あたしが言うコトをいちいち全部書き取ってくれてるの？ それとも早口だから追いつかない？
Ed :	I'm sorry about that. I really am. But, we have a full staff right now, and not ...	： その件については悪かった、本当にすまない。だが、今うちは手が足りてるんだ。
Erin :	Bullshit! If you had a full staff, this office would return a client's damn phone call. I'm smart, I'm hardworking and I'll do anything and I'm not leaving here without a job.	： うそばっかり！ 手が足りてるなら、お客が電話してほしいといえば、ちゃんとかけ直すはずでしょ。あたしは頭はいいし、働き者だし、何でもするわ。だから、仕事をくれなきゃ、ここから出ていかないわよ。
Ed :	Well...	： さあて…
Erin :	Don't make me beg. If it doesn't work out, fire me. Don't make me beg.	： みっともない真似をさせないで。うまくいかなきゃ、クビにすればいいわ。みっともない真似をさせないで。
Ed :	Uhm, no benefits.	： ふむ、特別手当てはないぞ。

覚えておきたい
重要表現

paycheck: 給料（米国では、小切手による給与支払いも少なくない）　raise: 育てる、養う
convince: 納得させる　参考：I'm convinced that ～と確信している。
Bullshit!：俗語で（不快を表して）ばかな
damn:（形容詞）ひどく、まったく（間投詞）ちきしょう、くそ
hardworking: 勤勉な、よく働く（勉強する）　Don't make me beg.：「みっともない真似をさせないで」

リーディング演習 ━━━【Part7形式】

Directions: You are to choose the best answer, (A), (B), (C), or (D) to each question. Questions 7-9 refer to the following excerpt.

Erin Brockovich, an unemployed single mother of three children, becomes injured in a car accident when a driver ignores a red light and crashes into her car. She hires a lawyer and tries to get money from the person who injured her by suing, but loses, partly because of her bad behavior in the courtroom. Broke and unemployed, Erin becomes even more desperate for a job and decides to convince her lawyer to give her a job in his law office. He feels bad for her and gives her a menial job. At her small office job, Erin discovers something strange in the files for a case which leads to the discovery of a much bigger conspiracy, something which turns into a huge case for her law office.

7. Why does Erin become even more desperate?

(A) She received only a little money because of her accident.
(B) Her husband doesn't have a job either.
(C) She lost her job as a lawyer.
(D) She still has no job and no money.

8. The word "convince" in line 6 is closest in meaning to

(A) Persuade
(B) Ask
(C) Apologize to
(D) Speak to

9. What eventually happens to Erin?

(A) She gets a job making small cases.
(B) She gets a job cleaning law offices.
(C) The lawyer decides to hire her as a lawyer.
(D) The lawyer decides to give her an office job.

覚えておきたい
重要表現

sue: 告訴する　broke: 一文無しの　desperate: 自暴自棄の　menial: 雑用の

第10章
雇用者と被雇用者の会話

文法・ボキャブラリーチェック —— 【Part5形式】

Directions: Select the best choice to complete the sentence based on the dialogue from this movie.

10-5

10. If it doesn't (   ), fire me.
- (A) work in
- (B) work out
- (C) work down
- (D) work up

11. I'm sorry (   ) that, I really am.
- (A) with
- (B) about
- (C) for
- (D) to

12. Please, don't make me (   ).
- (A) bug
- (B) bag
- (C) bog
- (D) beg

13. I don't need pity. I need a (   ).
- (A) payment
- (B) pay
- (C) paycheck
- (D) paycash

14. Oh, Erin, this isn't the way I (   ).
- (A) have business
- (B) make business
- (C) do business
- (D) go business

15. I want a (   ).
- (A) rise
- (B) raise
- (C) rising
- (D) risen

16. You didn't (   ) to make a copy, did you?

(A) happen
(B) by chance
(C) thinking
(D) with luck

17. Well, could I have a (   ) at it?

(A) see
(B) watch
(C) look
(D) view

18. We'll talk about (   ) later.

(A) benefit
(B) benefits
(C) beneficial
(D) beneficent

19. There are lots of other places I could get (   ).

(A) office
(B) job
(C) work
(D) career

20. I'm smart, I'm (   ) and I'll do anything.

(A) hardly working
(B) working hard
(C) hardworking
(D) work hard

第10章
雇用者と被雇用者の会話

映画の中の気になる表現

米国人は、日本人と比較すると圧倒的に電話を使用する傾向が強いと思います。メールは便利ではありますが、時間的ロスもあり、相手の反応をすぐ確かめることができません。以下の場面は、エリンが一所懸命に自己アピールをしようとしている場面です。自分を売り込むことが（market oneself)、競争の激しい労働市場では必要なことです。

(DVD ch.04, 00:11:19)

Erin : I guess, I'm calling about the job ad in the paper. ： 新聞の求人広告の件でちょっとお電話してみようかな、と思って。

: Yes, I'm calling about the job ad. ： そうです。求人広告の件でお電話しています。

: The great personality, good voice. ： 性格は抜群、声もいいし。

: I don't have any actual sales experience. ： 実際の販売経験はありません。

: I don't, I don't really have a, a résumé, but I can... ： ええ、履歴書があるというわけでは、でもやれます…

: No, no, I don't, I don't have any computer skills, but... ： だめ、できません、コンピュータはできません、でも…

: Oh, well, I thought it was... I thought it was the local store. ： ああ、そうですか、私はまた…地元のお店かと思って。

覚えておきたい重要表現

I guess: ～ではないかと思う（口語表現） job ad: 求人広告（=classified ad）
personality: 人柄　résumé: 履歴書

Business English in Movies

第11章

ストーリー

　舞台は 1953 年のロサンゼルス（天使の街）。街では暗黒街のボスが逮捕され、次のボスの座をめぐる抗争が激化していた。そんな折り、6 人の男女がレストランで惨殺される事件が起こる。その中にはロス市警官バド（ラッセル・クロウ）の元相棒、ステンズランドも含まれていた。犯人逮捕に全力をあげるバドだが、昇進を狙って手柄をたてようとするエド警部補（ガイ・ピアース）と対立。力と力の闘い、麻薬、有名女優似の高級売春婦、その裏には巨大な陰謀が隠されていた。全米映画賞を総なめにしたサスペンス・アクション映画。

英語学習のポイント

　警察、事件、殺人、といった内容のストーリーなので、出てくる単語は難しく、セリフも多い。しかし、明瞭な話し方をしているので、会話自体は追いやすいだろう。会話の内容が把握できると、複雑なストーリーも更に面白みが増して楽しめる。是非一度シナリオで確認してみよう。また、舞台が 1950 年代とあって、時代背景がよく分かるセリフもある。特に映画の冒頭、「ハッシュ・ハッシュ」誌の紙面を読み上げるシーンの中でシドが語る「夢の街・ロサンゼルス」の描写からは、現代とは全く違ったロサンゼルスの姿が浮かび上がってきて興味深い。

SCREENPLAY
名作映画完全セリフ集

L.A. CONFIDENTIAL

L.A. コンフィデンシャル

映画のセリフがすべて分かる
完全対訳と充実の語句解説付

スクリーンプレイ出版

原題：L.A. Confidential
監督：Curtis Hanson
出演：Kevin Spacey /
　　　Russell Crowe /
　　　Guy Pearce
会社：Warner Bros. Pictures
制作：1997 年

第11章
昇進

『L.A. コンフィデンシャル』 L.A. Confidential には Bud White、Ed Exley、Jack Vincennes という全く性格の異なる3人の刑事が出てきます。Exley 巡査部長 (sergeant) の希望は刑事になることですが「君は優秀だが真面目なので刑事に向かない」と上司に諭されてしまいます。そんな彼が手柄を立て、警部補 (lieutenant) に出世するチャンスが巡ってきます。政治能力に長けた Exley は強気で「昇進だけでなく希望の刑事局への配属を」と署長 (chief) に売り込みます。

映画シーン① （DVD ch.08、00:17:53） 11-1

Exley : May I make a suggestion, sir?	： 署長、ひとつ提案させていただいても？
Chief : By all means.	： ぜひとも。
Exley : The public will expect the department to protect its own. Sweep this under the carpet. Don't. Shift the guilt to men whose pensions are secured. Force them to retire. But somebody has to swing. So indict, try and convict Richard Stensland and Bud White. Secure them jail time. The message will be very clear. This department, your new L.A.P.D., will not tolerate officers who think they're above the law.	： 大衆は市警が保身にまわるものと考えています。見過ごしたりすることは禁物です。年金の確定したものに罪を着せ、退職させるのです。しかし、見せしめになる者も必要です。リチャード・ステンズランドとバド・ホワイトを起訴したのち、裁判にかけ有罪と宣告するのです。短期間の服役もさせます。その意図は明確です。あなたがたのおっしゃる「新しいロス市警」である本署は、法をあなどる警官を黙認などしない。
（中略）	（中略）
Chief : The department and the public need role models. Clean-cut, forthright men the public can admire. Sergeant, I'll promote you to lieutenant. Effective immediately.	： 本署も大衆も規範となる人物を求めている。きちんとしていて、率直な人物を大衆は高く評価するだろう。巡査部長、君を警部補に昇進させよう。即、執行だ。
Exley : Detective lieutenant.	： 刑事局警部補ですね。
Chief : Ed, you are 30. Your father didn't make lieutenant until he was 33.	： エド、君は30歳だぞ。父上は33歳ではじめて警部補になった。
Exley : I know that, sir. I also know that when he made lieutenant, it was as a detective.	： 存じています、署長。父が警部補になったとき、刑事部であったことも。

覚えておきたい重要表現

by all means: ぜひとも　department: 部署　public: 大衆
sweep this under the carpet: （都合の悪いものを）人が見過ごす、（忘れるように）隠す
jail: 米の多くの州では拘留1年以内のものを jail、1年以上のものを prison と呼び分けている。
role model: 規範となる人物　clean- cut: きちんとした
sergeant: 巡査部長（国、組織によって異なる）　lieutenant: 警部補（組織によって異なる）
effective: 効力を発する　detective lieutenant: 刑事局警部補　make: ～になる

第11章 昇進 🎧 リスニング演習──【Part3形式】

Please listen to a short conversation between two people. You must listen carefully to understand what the speakers say. You are to choose the best answer to each question.

11-2

1. What is said about Exley?

(A) He likes to play.
(B) He is smart.
(C) He is very direct.
(D) He is a bad politician.

2. Who gave the go-ahead for the assignment?

(A) Exley
(B) Wendell
(C) Dudley
(D) The Chief

3. What is inferred about Wendell ("Bud") from this conversation?

(A) Dudley recognizes Wendell's skills.
(B) He is not good at muscle jobs.
(C) He often asks questions to his boss.
(D) Dudley believes Wendell is a politician.

4. What does Dudley say Wendell's new job is?

(A) Working in a tech department
(B) Working sales at the city's seaside
(C) Working at City Hall
(D) Working lifting heavy cases

5. What will Wendell ("Bud") probably do next?

(A) He will work out to build his muscles.
(B) He will follow Dudley's directions.
(C) He will start a political campaign.
(D) He will ask some questions.

6. What is most likely the relationship between the two speakers?

(A) Chief and police officer
(B) Politician and reporter
(C) Police captain and police officer
(D) Police officer and politician

 映画シーン②

(DVD ch.10, 00:23:28) 11-3

Bud :	There's no goddamn bill on me?	： 私への起訴状ってのはないんですか？
Dudley :	Four of the witnesses recounted their testimony.	： 4人の目撃者が証言を改めた。
Bud :	Why?	： なぜ？
Dudley :	They had a change of heart.	： 気が変わったんだろう。
Bud :	What about Stensland?	： ステンズランドは？
Dudley :	Your partner is through. Departmental scapegoat on the Chief's orders.	： 君のパートナーはクビだ。署長命令で、署のスケープゴートってわけだ。
Bud :	A year from pension. Exley?	： 退職まであと一年だってのに。エクスリーは？
Dudley :	Exley made his play and got what he wanted. As a politician he exceeds even myself. The department needs smart men like Exley and direct men like you. Look, lad. I need you for an assignment the Chief's given me the go-ahead on. A duty few men are fit for, but you were born for. You'll be working out of Homicide down at City Hall.	： エクスリーは務めを遂行して希望の物を手に入れた。政略家としての手腕は私より上だ。署にはエクスリーのように目先のきく男も必要だし、君のように行動力のある男も必要だ。なあ、君。署長から任された新しい任務に君が必要だ。こういった仕事ができる男はほとんどいないが、君はこの仕事にうってつけだ。市庁舎で殺人犯課の仕事をしてくれ。
Bud :	Homicide? Working cases?	： 殺人犯課で？事件の捜査を？
Dudley :	Your talents lie elsewhere, Wendell. It's a muscle job. You'll do what I say and ask no questions. Do you follow my drift?	： ウェンデル君、君の才能は計り知れない。力仕事だ。君は私の指示通りに行動し、質問するな。私の言わんとすることがわかるか？
Bud :	In Technicolor, sir.	： 完璧に従います、部長。

 覚えておきたい重要表現

goddamn bill: いまいましい起訴状　through: 終わって、縁を切る
scapegoat: 身代わり、犠牲、スケープゴート　exceed: 超える　lad:（呼びかけ）君
fit for:（素質が）向いている　born for: これ以上ないほどうってつけだ
drift: 趣向　homicide: 殺人　In Technicolor: 詳細に

リーディング演習 ──── 【Part7形式】

Directions: You are to choose the best answer, (A), (B), (C), or (D) to each question. Questions 7-9 refer to the following excerpt.

  1950's Los Angeles is the seedy setting for this complicated tale of police corruption and Hollywood sleaze. Three very different policemen are all after the truth behind the shotgun slayings of patrons at an all-night diner. Each cop is unique in his own way: Ed Exley, the poster boy of the police force, is willing to do almost anything to get ahead; Bud White is ready to break the rules to seek justice, and barely able to control his anger; and Jack Vincennes is always looking for some easy money, until his conscience drives him to join Exley and White to uncover the shocking truth behind the dark world of L.A. crime.

7. What is NOT written in the excerpt?
    (A) The policemen are not similar in character.
    (B) Three policemen are investigating the case.
    (C) White is not always calm.
    (D) They all live in Hollywood.

8. The word "after" in line 3, is closest in meaning to
    (A) Next to
    (B) In search of
    (C) Behind
    (D) In accordance with

9. Why does Jack join Exley and White?
    (A) Because he thinks it is the right thing to do.
    (B) Because he is looking for easy money.
    (C) Because he is forced to do so.
    (D) Because he cannot control his anger.

覚えておきたい重要表現

seedy: 問題の多い　sleaze: 低俗　slaying: 殺人　easy money: 楽に手に入る金

第**11**章
昇進

文法・ボキャブラリーチェック ──── 【Part5形式】

Directions: Select the best choice to complete the sentence based on dialogue and descriptions from this movie.

11-5

10. I'll (   ) you to lieutenant.

(A) remove
(B) put
(C) ask
(D) promote

11. (   ) immediately.

(A) Effect
(B) Effectively
(C) Effective
(D) Effects

12. Clean-cut, forthright men the public can (   ).

(A) attach
(B) assure
(C) adopt
(D) admire

13. As a politician he (   ) even myself.

(A) exceeds
(B) expresses
(C) expires
(D) extends

14. A duty few men are (   ) for.

(A) proud
(B) willing
(C) fit
(D) eager

15. I need you for an (   ) the Chief's given me the go-ahead on.

(A) assignment
(B) assessment
(C) appointment
(D) arrangement

16. His conscience (**) him to join Exley and White to uncover the shocking truth.**

(A) drives
(B) walks
(C) runs
(D) ships

17. Ed Exley is willing to do almost anything to get (**).**

(A) through
(B) ahead
(C) along
(D) well

18. Bud White is (**) to break the rules to seek justice.**

(A) ready
(B) honor
(C) qualified
(D) familiar

19. Each cop is unique (**) his own way.**

(A) at
(B) on
(C) in
(D) of

20. Los Angeles is the seedy setting for this (**) tale of police corruption and Hollywood sleaze.**

(A) complicating
(B) complication
(C) complicates
(D) complicated

第11章 昇進
映画の中の気になる表現

『L.A. コンフィデンシャル』を制作したのはイスラエル人の大物プロデューサー、Arnon Milchan 氏で、『プリティ・ウーマン』Pretty Woman、『ファイトクラブ』Fight Club など多くのヒット作を手がけています。実は Milchan 氏は、2013 年、イスラエルのテレビ番組でプロデューサーになる前は祖国イスラエルのための諜報活動をしていたことを告白しました。"I did it for my country, and I'm proud of it." と語る彼の人生が映画そのもののようだと話題を呼びました。

ところで映画をヒットさせるために欠かせないのがキャスティングです。『L.A. コンフィデンシャル』もヒットメーカーとして知られる Milchan 氏のプロデュース作だけあり、絶妙なキャスティングです。この作品に出演した主役二人 New Zealand 出身の Russel Crowe と Australia 出身の Guy Pearce は当時まだ無名でした。日本とは異なり、無名の俳優でも大作の主演を務めるチャンスがまわってきます。ハリウッドではスターと呼ばれる俳優たちもオーディションを受け、役を競うことも多いようです。この映画で華々しいハリウッドデビューを飾りスター俳優相手に堂々とインテリ刑事を演じた Pearce ですが、彼が注目を浴びたのは実は『プリシラ』The Adventures of Priscilla, Queen of the Desert という Australia の映画でした。Drag queen（女装する男性）3 人の珍道中を描いたコメディドラマです。この作品での演技が目に止まりハリウッド進出を果たした Pearce は『ダークナイト』The Dark Knight で知られる Christopher Nolan 監督の『メメント』Memento、そしてこの『L.A. コンフィデンシャル』と男らしい役で『プリシラ』とは全く異なる顔を見せます。

さて、シーンは Pearce 演じる出世しか頭になかったエリート警官・Exley が、事件の解決のために Kevin Spacey 演じる Jack に協力を請うシーンです。

(DVD ch.33, 01:25:18)

Exley : Rollo was a purse snatcher. My father ran into him off-duty and he shot my father six times and got away clean. No one ever knew who he was, I just made the name up to give him some personality.

：ロロはひったくりだった。俺の親父は非番のとき、やつと出くわし6発撃たれた。そしてやつはまんまと逃げた。誰もそいつが誰なのかわからなかった。だから俺はそいつに名前をつけて人格を与えた。

Jack : What's your point?

：何が言いたい？

Exley : Rollo Tomashi's the reason I became a cop. I wanted to catch the guys who thought they could get away with it. It's supposed to be about justice. Then somewhere along the way, I lost sight of that. Why'd you become a cop?

：俺が警官になったのはロロ・トマシのためだ。逃げおおせると思っている連中を捕まえたかった。正義のためだったはずだが、いつのまにかそんなものはどこへやらだ。君は何故警官になった？

覚えておきたい重要表現

snatcher: ひったくり　off-duty: 非番　get away clean: 見事に逃れる
make...up: 作り上げる　personality: 人格　lose sight of: 見失う

第12章

ストーリー

ロックをこよなく愛するデューイ（ジャック・ブラック）は、過激すぎるパフォーマンスのせいで自ら結成したバンドを追い出される。途方に暮れているところへ1本の電話が。

デューイは代理教員をしていたネッドになりすまし、名門私立小学校の 5 年生の担任となる。子供達の音楽の才能を発見し、あるプロジェクトを思いついたデューイ。かくして〝熱血ロックの授業〟が始まった…。

英語学習のポイント

音楽をベースにしたジョークや会話が多く出てくる。物語は学校を中心に展開していくため、内容はそれほど難解なものではなく、聞き取りも容易である。登場人物が使う語彙も普段使われる日常的なものばかりなので英語初級者でも気軽に取り組めるだろう。

この作品ならではのリズミカルな言い回し、時に大げさな表現も、コミュニケーションの幅を広げるにはうってつけである。ロックのリズムに合わせて英語を使ってみよう。

原題：School of Rock
監督：Richard Linklater
出演：Jack Black /
　　　Joan Cusack /
　　　Mike White
会社：Paramount Pictures
制作：2003 年

第12章
教師と生徒の関係

米国では生徒は先生に対して、最初は Mr. 〜、Ms. 〜と呼び、だんだん慣れてくると担任の先生ならファーストネームで呼ぶことが普通です。校長先生（principal）にはやはり Mr. Ms. を付けることが多いでしょう。また先生は生徒に対してはファーストネーム、または愛称で呼びます。日本をはじめとした儒教の影響を受けているアジア各国では先生や年長者を敬う精神文化がありますが、米国では、むしろカジュアルな米国人たちのコミュニケーションスタイルに合わせることが期待される場面が多いでしょう。

映画シーン① （DVD ch.03, 00:10:51） 12-1

Ms. Mullins :	Why don't you write your name on the board?	：黒板に名前を書かれては如何ですか。
Dewey :	Yes, yes, I will. You know what? Why don't you all just call me "Mr. S".	：はい、えーそうします。いいですか? みんな私を単に「S 先生」と呼びませんか?
Ms. Mullins :	Mr. S has never taught here at Horace Green, so I want you all to be on your best behavior.	：S 先生はホレス・グリーンで教鞭をとられたことがございません、ですから、みなさんお行儀よく振舞うように。
Ms. Mullins :	So the curriculum's on the desk.	：では、カリキュラムは机の上にありますので。
Dewey :	Mm-hmm.	：はい。
Ms. Mullins :	And do you have any questions?	：何か質問がございますか?
Dewey :	Yeah, when's lunch?	：ああ、昼食はいつですか?
Ms. Mullins :	The children just had their lunch. Is there anything else you need?	：子供たちは昼食を食べ終わったばかりです。ほかに何かご入用な物は?
Dewey :	Uh, I'm a teacher. All I need are minds for molding.	：あの、私は教師です。必要なのは教育しようとする気持ちだけです。
Ms. Mullins :	All right, then. Well, thanks again. You saved the day.	：ではよろしくお願いします。重ねて御礼申し上げます。助かりますわ。

覚えておきたい重要表現

Why don't you 〜：〜してはいかがですか（勧誘・提案の表現）
on one's best behavior: 行儀よく振る舞う
mold: 型に入れて作る（ここでは「教育する」くらいの意味）
save the day: 窮地から救う　例文：Matsui saved the day with another home run.
（松井は、もう一本ホームランを打って勝利に貢献した）

第12章
教師と生徒の関係

リスニング演習 ———【パート3形式】

Please listen to a short conversation between Dewey and Summer. You must listen carefully to understand what the speakers say. You are to choose the best answer to each question.

12-2

1. Who was called "Tinker Bell" ?

(A) Dewey
(B) Summer
(C) Miss Dunham
(D) Mr. Green

2. What is the position of Summer who welcomes Dewey ?

(A) A resident of Horace Green
(B) The substitute teacher
(C) The president of this school
(D) The class factotum

3. According to Summer, what is NOT included in Miss Dunham's class routine?

(A) Vocabulary learning
(B) Pop quizzes
(C) Writing time
(D) Reading time

4. What problem does Dewey face?

(A) He is in bad physical condition.
(B) He is really nervous.
(C) He forgot to prepare educational materials.
(D) Miss Dunham changed her schedule.

5. Who is Dewey?

(A) A patient
(B) A teacher
(C) A parent
(D) A student

6. What does Dewey say it is time to do?

(A) Time to study
(B) Time to introduce himself
(C) Time to have recess
(D) Time to sing

第**12**章
教師と生徒の関係

 映画シーン②

(DVD ch.03, 00:12:54) 12-3

Dewey : Yes, Tinkerbell? ： はい、ティンカーベル？

Summer : Summer. As class factotum, first I'd just like to say, welcome to Horace Green. ： サマーです。クラス委員として、まず、ホレス・グリーンへようこそ、と申し上げます。

Dewey : Thank you. ： ありがとう。

Summer : Do you have any questions about our schedule? Because usually now Miss Dunham teaches vocabulary, then gives us a pop quiz, then she'll split us up into our reading groups. Track B is reading chapter... ： 時間割については何かご質問がありますか？というのも、いつもはダンハム先生は、今の時間は語彙を教えてらっしゃって、それから抜き打ちテストをされて、それからみんなを読書グループに分けます。トラックBがリーディングの章で…

Dewey : Okay, hey, hey, hey. Miss "Dumbum" ain't your teacher today, I am. And I got a headache and the runs. So, I say time for recess. ： 分かった、おい、おい、おい。「ダンバン」先生は、今日はお前たちの先生じゃねえ。俺がそうなんだ。その俺は頭が痛くて下痢をしてる。だから、休み時間だって言ってんだ。

覚えておきたい
重要表現

Tinkerbell: 童話『ピーターパン』に出てくる妖精の名前。ティンカーベルは魅惑的で女性らしい、手のひらほどの大きさの小妖精で、ヤキモチヤキで怒りっぽい性格が特徴。
factotum: 雑用係、クラス委員　pop quiz: 抜き打ちテスト
ain't: am not; aren't; hasn't; haven't の短縮形
runs: 下痢　例文：I ate spicy food and got the runs.（辛いものを食べて下痢になった）
recess: 休み時間

リーディング演習 ———【Part7形式】

Directions: You are to choose the best answer, (A), (B), (C), or (D) to each question.

    Struggling guitarist Dewey Finn gets fired from his rock band, leaving him depressed and with a large amount of financial debt. He luckily gets a job as a 4th grade substitute teacher at a very strict private school where Dewey's teaching style and attitude have a powerful effect on his students. Dewey also meets Zack, a 10-year-old guitar prodigy. Zack can help Dewey win a local "battle of the bands" competition, which would solve Dewey's financial problems and help Dewey with his dream of getting back in the music spotlight.

7. What is suggested from this passage?
    (A) Dewey has taught at a private school for a long time.
    (B) Dewey used to work as a music band teacher.
    (C) Dewey has no impact on his students.
    (D) Dewey really needs to make money.

8. The phrase "gets fired" in line 1 is closest in meaning to
    (A) is asked to leave
    (B) gets motivation
    (C) quits suddenly
    (D) becomes the leader

9. What is inferred about the "battle of the bands" competition?
    (A) It is a very prestigious national rock event.
    (B) The winner can get a professional music contract.
    (C) It is sponsored by big-name schools.
    (D) The winner will get some money.

覚えておきたい
重要表現

struggling: 困窮している　get fired: 解雇された　debt: 負債、借金
depressed: 意気消沈した　substitute: 代行の
strict: 厳しい　battle of the bands: バンドバトル

第12章
教師と生徒の関係

文法・ボキャブラリーチェック ——— 【Part5形式】

Directions: Select the best choice to complete the sentence based on the dialogue from this movie.

12-5

10. I want you all to be on your best (   ).

    (A) belief
    (B) belongings
    (C) behavior
    (D) boy

11. Thank you very much. You (   ) the day.

    (A) saved
    (B) saving
    (C) savior
    (D) survey

12. Do you have (   ) questions?

    (A) to
    (B) all
    (C) some
    (D) any

13. Is there anything (   ) you need?

    (A) attend
    (B) other
    (C) else
    (D) least

14. As a teacher, I only need minds for (   ).

    (A) molting
    (B) modeling
    (C) motioning
    (D) molding

15. I ate rotten fish and got the (   ).

    (A) runs
    (B) runner
    (C) running
    (D) ran

16. **Why don't you ask Summer? She is our class (   ).**

    (A) factotum
    (B) facility
    (C) factor
    (D) farming

17. **Miss Dunham usually gives us a (   ) quiz.**

    (A) frank
    (B) normal
    (C) formal
    (D) pop

18. **She split us up (   ) our reading groups.**

    (A) down
    (B) into
    (C) over
    (D) between

19. **I got a (   ).**

    (A) headhurt
    (B) headway
    (C) headpain
    (D) headache

20. **It's time for (   ). You can go out to play.**

    (A) region
    (B) rest
    (C) recess
    (D) replay

第12章
教師と生徒の関係

映画の中の気になる表現

　映画 School of Rock の舞台は、名門の私立学校です。にもかかわらずデューイは、最初のクラスで以下のように宣言します。

"As long as I'm here, there will be no grades or gold stars or demerits. We're gonna have recess all the time."（俺 が ここにいる限り、成績とか金星とか罰点なんてものはない。いつも休み時間だ）。ところが、数日後、デューイは音楽の授業 を利用して、ロックバンドを結成しようと試みるため、前言を翻し級長のサマーと次のような会話をします。

Dewey:	We've got a lot of work to do. Okay, people pay attention, because I do not wanna have to fail you.
	（やることはたくさんあるぞ。いいか、みんな、聞いてくれ。お前たちを不合格にしたくないからな）
Summer:	I thought you didn't believe in grades. （成績を信じてるなんて思わなかったわ）
Dewey:	Of course I believe in grades. I was testing you. And you passed. Good work, Summer.
	Four-and-a-half gold stars for you.
	（もちろん成績を信じてるさ。お前たちを試してたのさ。そして君は合格だ。よくやった、サマー。
	君に星4つ半だ） （DVD ch.05, 00:24:58）

　学校関係の用語は、TOEIC® でもたまに出題されるので、頻出単語を確認してみましょう。

成績	: grade
抜き打ちテスト	: pop quiz
休み時間	: recess
中間試験	: midterm exam
期末試験	: final exam
口頭試験	: oral test
筆記試験	: written test
単位	: credit, unit
卒業証書	: diploma
成績証明書	: transcript
選択の	: elective
カンニングをする	: cheat （カンニングペーパー：cheat sheet）
授業をさぼる	: cut class または skip class （病気や交通機関の遅れなどでやむを得ず欠席する場合は、miss class と言います）
優等で	: with honors, magna cum laude
首席で	: summa cum laude
授業料	: tuition

第13章

ストーリー

　サム（パトリック・スウェイジ）とモリー（デミ・ムーア）は人も羨む恋人同士。そんな二人の前に現れた追い剥ぎ強盗と格闘になりサムは銃弾を受ける。サムの死体に泣きすがるモリーのそばに立つサム。サムは肉体のない魂、ゴーストとなってしまう。強盗に襲われたことが単なる偶然でないことに気づいたサムはモリーに近づく危険を知らせようとするが、ゴーストとなったサムにその術はない。サムはモリーを救うことは出来るのか。そして二人の運命は…。

英語学習のポイント

　発音は明瞭で、会話スピードもほどよく非常に聞き取り易い標準米語である。更に、霊媒師オダ・メイの話術が冴えわたり、飽きずに繰り返し見ることが出来る。ゴーストのサムは自分で言葉を伝えられないため、オダ・メイが代わりにサムの言葉を話す場面では、一つの表現を二回聞けるので、まさにリスニングテキストさながらである。銀行、ビジネスでの会話など日常生活に使える表現が満載、リスニング上達を目指す方には最適の映画である。

ゴースト
ニューヨークの幻

PATRICK SWAYZE DEMI MOORE WHOOPI GOLDBERG
GHOST™

外国映画英語シナリオ
名作を楽しみながら英語をモノにしよう!!
No.69 GHOST™
ゴーストとなっても愛する人への心は永遠に
愛、感動、笑い、そして涙の超大ヒット作
●外国映画対訳シナリオ ●ビデオを楽しみながら生きた英語を身につけよう!!
●全ページに慣用句、口語・俗語、固有名詞などの解説を収録／ スクリーンプレイ出版株式会社

原題：Ghost
監督：Jerry Zucker
出演：Patrick Swayze/
　　　Demi Moore
会社：Paramount Pictures
制作：1990 年

彼氏は boyfriend、彼女は girlfriend で、付き合っている、場合によっては同棲している steady な相手を意味します。significant other は男女にかかわらず使用できます。恋人同士の会話は、一般的には甘いものですが、この映画『ゴースト』Ghost では、サムが既に他界しており、ゴーストになっています。恋人モリーには、サムの姿を見ることはできません。サムがかつて生きていたときの温もりを霊媒師オダ・メイの身体で感じる場面は感動的です。

 映画シーン① （DVD ch.12, 01:47:35）

Molly :	Is Sam here?	： サムはいる？
Oda Mae :	Sam?	： サム？
Sam :	I'm sitting beside her.	： 彼女の隣に座っている。
Oda Mae :	He's sitting right beside you.	： あなたの隣に座っている。
Molly :	Sam, can you feel me?	： 私を感じる？
Sam :	With all my heart.	： 全身で感じる。
Oda Mae :	He says with all his heart.	： 全身で感じるそうよ。
Sam :	I'd give anything if I could just touch you once more.	： もう一度君に触れられるなら何でもするのに。
Oda Mae :	He says he wishes he was alive again so he could touch you.	： 生き返ってあなたに触りたいって。
Molly :	Me too.	： 私も。

覚えておきたい重要表現　　I'd give anything for: 〜の為なら何でもする

リスニング演習 ——— 【Part3形式】

Please listen to a short conversation between Oda Mae and Molly. You must listen carefully to understand what the speakers say. You are to choose the best answer to each question.

13-2

1. What does Oda Mae ask Molly to do?

 (A) To have lunch together
 (B) To bring her baggage
 (C) To let her in the room
 (D) To take care of her children

2. Why does Molly say " I'm calling the police." ?

 (A) Because Oda Mae is keeping Sam.
 (B) Because Oda Mae's wallet was stolen by someone.
 (C) Because Oda Mae lost her way.
 (D) Because Oda Mae won't leave Molly alone.

3. According to Oda Mae, why did Sam die?

 (A) He was murdered.
 (B) He killed himself.
 (C) He was killed in an accident.
 (D) He died of a disease.

4. What did Sam find out after he died?

 (A) Carl killed someone.
 (B) Carl was laundering money at the bank.
 (C) Carl was caught by the police.
 (D) Carl stole jewels.

5. How does Oda Mae describe Carl?

 (A) He is dangerous.
 (B) He is dirty.
 (C) He is working very hard.
 (D) He is a deep thinker.

6. Why is Molly in danger?

 (A) The police are coming to arrest her.
 (B) She may be in an accident.
 (C) She lost all her money in the bank.
 (D) Carl is going to try to kill her.

第**13**章
恋人同士の会話

映画シーン②

（DVD ch.12, 01:44:27）**13-3**

Oda Mae :	Molly, I know what you think of me. I know what you think of me but look, you gotta talk to me. You are in serious danger. I got Sam here with me. We gotta come in and talk to you.	: どう思われてるかは分かってる。分かってるけど、話を聞いて。危険が迫ってるの。サムもいるわ。話があるから来たの。
Molly :	Get the hell out of here. I'm calling the police.	: いいかげんに帰って。警察を呼ぶわよ。
Sam :	Good. Tell her to do it.	: いいぞ。呼べと言ってやれ。
Oda Mae :	Fine. That's what we want you to do. We want you to call the police. But you gotta let us in.	: いいわ、呼んでくれた方が助かる。警察を呼んでちょうだい。でも中に入れて。
Molly :	No.	: だめ。
Oda Mae :	Look, don't you get it? Sam was not just accidentally killed. He was murdered. He found out that Carl was laundering money at the bank. Now this guy Carl is dangerous. I'm telling you, he tried to kill me. He's gonna try to kill you too. You are in deep, deep trouble.	: まだ分からないの？ サムは事故で死んだんじゃない。彼は殺されたの。カールがマネーロンダリングしているのを突き止めたから。カールは危険人物よ。いいこと、彼は私を殺そうとしたんだから。あなたも殺しに来るわ。危険極まりない状況なのよ。

覚えておきたい
重要表現

look: 呼びかけの言葉「ねえ」「いいこと」などに相当　in (serious) danger: 危険な状態にある
launder(ing): ロンダリングする（不正に得たお金を金融機関を通すことで出所をわからなくすること。
マネーロンダリング＝資金洗浄）
I'm telling you: 相手に念を押す表現、「本当よ」などに相当

リーディング演習 ──【Part7形式】

Directions: You are to choose the best answer, (A), (B), (C), or (D) to each question.

Sam and Molly are a young, happy couple and deeply in love. Walking back to their new apartment after a night out at the theater, they encounter a thief in a dark alley, and Sam is murdered. He finds himself as a ghost and realizes that his death was no accident. He must warn Molly about the danger that she is in. But as a ghost he cannot be seen or heard by the living, so he tries to communicate with Molly through Oda Mae Brown, a psychic who didn't even realize that her powers were real.

7. What is the relationship between Sam and Molly?

(A) A husband and wife of many years
(B) They are brother and sister
(C) Co-workers at the same bank
(D) A couple who love each other

8. Why does Sam need Oda Mae?

(A) To speak with Molly
(B) To survive in the real world
(C) To become a genuine ghost
(D) To give Molly money

9. According to the passage, what is true about Oda Mae Brown?

(A) She always knew she had special powers.
(B) She didn't know she had special powers.
(C) She was hired by Sam for a special job.
(D) She got fired by Molly because of her work.

覚えておきたい
重要表現

encounter: 出くわす
ally=alley: 小道、狭い通り、横道、路地
psychic: 霊媒師、超能力者

文法・ボキャブラリーチェック ── 【Part5形式】

Directions: Select the best choice to complete the sentence based on the dialogue from this movie.

13-5

10. I know what you think (   ) me, but I need to explain myself to you.

    (A) for
    (B) about
    (C) you
    (D) of

11. Get the (   ) out of here.

    (A) hall
    (B) hill
    (C) hull
    (D) hell

12. You are in serious (   ).

    (A) dangerous
    (B) endangering
    (C) danger
    (D) endanger

13. I'm (   ) you, everything he did was bad.

    (A) tell
    (B) telling
    (C) toll
    (D) told

14. Don't you (   ) it? It's real.

    (A) take
    (B) get
    (C) make
    (D) catch

15. Sam was not just (   ) killed.

    (A) accident
    (B) accidents
    (C) accidence
    (D) accidentally

16. He was (   ) by a stranger.

(A) murder
(B) murdered
(C) murdering
(D) murderer

17. Carl was (   ) money at the bank.

(A) cleaning
(B) washing
(C) wiping
(D) laundering

18. You are in (   ) trouble.

(A) deep
(B) dark
(C) big
(D) many

19. I feel you with all my (   ).

(A) body
(B) sense
(C) heart
(D) brain

20. I'd give (   ) if I could just touch you once more.

(A) almost
(B) everything
(C) whenever
(D) anything

映画の中の気になる表現

第**13**章
恋人同士の会話

　映画『ゴースト』Ghost の中で、前半までのシーンにおける Sam がまだ生きているときの会話と、ゴーストとなって Molly の前に現れて去っていくときの最後のシーンで使われる ditto（同上、同じ）という単語について紹介します。

前半のシーンでの会話　　　　　　　　　　　　　　　　　　　　　　　　　　　（DVD ch.01, 00:10:01）

Sam:　I just don't want the bubble to burst. It seems like, um, whenever anything good in my life happens,
　　　　I'm just afraid I'm gonna lose it.　　　　（シャボン玉にははじけて欲しくない。幸せを失いそうで怖い）
Molly: I love you. I really love you.　　　　　　　　　　　　　　　　　　　　（愛しているわ。心から）
Sam:　Ditto.　　　　　　　　　　　　　　　　　　　　　　　　　　　　　　　（右に同じ）

最後のシーンでの会話　　　　　　　　　　　　　　　　　　　　　　　　　　　（DVD ch.12, 02:00:27）

Sam:　I love you, Molly. I've always loved you.　　　　　（愛してるよ、モリー。ずっと愛してた）
Molly: Ditto.　　　　　　　　　　　　　　　　　　　　　　　　　　　　　　　（同じく）

　以前、勤務している会社で上司が同じスケジュールの日程に ditto と記入していたことを思い出します。とても便利な表現なので覚えておきましょう。

第14章

ストーリー

　ミネソタ州在住で一昔前のパンクロックとB級映画が好きな16歳のジュノ（エレン・ペイジ）は、バンド仲間でもあった同級生のポーリー（マイケル・セラ）と興味本位で一度だけセックスをして妊娠してしまう。中絶するために病院まで行くが、そこで会った同級生の「赤ちゃんにはもう爪が生えている」という言葉で出産を決意、里親志望のカップルを探すことに。理想的な里親のヴァネッサとマークに出会ったジュノは、彼らと契約を交わし、おなかが大きいまま高校生活を続けていく。そして、季節が冬から春に移る頃、ついに出産の時が訪れる…。

英語学習のポイント

　全体的に語彙や文法は容易で、発音も明瞭といってよい。登場人物が主に若者であるため、会話スピードはやや早く、アメリカの大衆文化に関するセリフが数多く登場する。また、主人公のジュノや親友のリアが話す英語には、スラング、メタファー（比喩）、言葉遊びなどが多出する。アメリカの文化的背景を知らないと理解するのは難しいセリフがいくつかあるが、最近の"若者英語"とともに、"アメリカン・ポップ・カルチャー"を体験するには最適の教材といえるだろう。

SCREENPLAY

ジュノ
JUNO

監督　ジェイソン・ライトマン
脚本　ディアブロ・コディ
製作　リアンヌ・ハルフォン／ジョン・マルコヴィッチ／メイソン・ノヴィック／ラッセル・スミス

原題：Juno
監督：Jason Reitman
出演：Ellen Page /
　　　Michael Cera /
　　　Jennifer Garner/
　　　Jason Bateman
会社：20th Century Fox
制作：2007年

第14章
アメリカの養子縁組

日本ではあまりオープンに語られることのない養子縁組（adoption）ですが、米国やヨーロッパでは珍しいことではありません。特に米国では近年は有名人が海外の子供を養子にすることも少なくないようです。アップル社の共同創業者の Steve Jobs もスタンフォード大学での伝説的なスピーチの中で自分が養子になったいきさつを話しています。この感動的なスピーチは YouTube などインターネット上でも視聴ができます。Juno は人工中絶手術を考えますが、結局は養子に出す事に決めます。アメリカでは州によって法律が異なり、人工中絶が違法とされる州もあります。このシーンでは弁護士を交えて養子縁組について話し合います。

映画シーン①　（DVD ch.10, 00:30:10）　14-1

Gerta :	Mark and Vanessa are willing to negotiate an open adoption.	： マークとヴァネッサは、公開した養子縁組を望んでいます。
Mac :	Uh, wait, what does that mean ?	： え、待ってください。それってどういう意味です？
Gerta :	It means they'd send annual updates, photos, let Juno know how the baby is doing. As he, or she grows up.	： つまり、お二人は毎年最新情報や写真を送って、赤ちゃんが、まあ男の子か女の子かわかりませんが、成長するにつれてどうしているか、ジュノに知らせるということです。
Juno :	Whoa, whoa. No, no ,no ,no ,no. I don't want photos or any kind of notification. You know. I mean... Can't we just, like, kick this old school?	： ちょっとちょっと、やめてやめてやめて。写真もどんな連絡もいらないよ。ね、要するに古いやり方にしない？
	（中略）	（中略）
Gerta :	Well, then we all agree? A traditional closed adoption would be best for all involved.	： えー、では皆さん同意ということで？伝統的な、非公開の養子縁組が関係者皆様にとってベストということですね？
Juno :	Shit. Yes. Just close'er on up.	： どうにでも。うん、非公開にしちゃってよ。
Mark :	Obviously we would compensate you for all your medical expenses.	： もちろん、私たちが医療費のすべてをお支払いさせていただきます。
Vanessa :	Are you looking for any other type of compensation?	： 他に何か補償をお望みですか？
Mac :	Excuse me?	： どういうことですか？
Juno :	What? No, no. I don't want to, you know, sell the thing. I just... I want... I just want the baby to be with people who are gonna love it and be good parents, you know? Um... I mean, I-I'm in high school. Dude, I'm, I'm just... I'm ill-equipped.	： え？いやいや、あたしはね、こいつを売ろうってわけじゃないんだ。ただ・・・あたしは・・・、あたしはただこの赤ちゃんが、自分を愛してくれて、いい親になってくれる人たちと一緒にいられたらって思ってんの。えー、つまりさあ、あたしは高校生だしさ、ふさわしくないのよ。
Vanessa :	Well, you're doing a beautiful and selfless thing for us.	： あなたは私たちにとって、素晴らしく無欲なことをしてくださっているわ。

覚えておきたい重要表現

traditional: 伝統的な　closed：非公開の　all involved: 関係者全員
shit(串): どうでもいい、くだらない　obviously: 当然、言うまでもなく、明らかに
※1 Close'er on up : ＝ Close her on up　Close on で契約をまとめるという意味。
　　　her は無生物の事柄を指す。この場合は養子縁組のことを指している
※2 compensation: 補償 ここでは医療費などの必要経費以外に子供を譲り受ける礼金のような
　　　ものを指している
dude: きみ、おい〈男性への呼びかけ〉

第**14**章
アメリカの養子縁組

リスニング演習 ——— 【パート3形式】

Please listen to a short conversation. You must listen carefully to understand what the speakers say. You are to choose the best answer to each question.

14-2

1. What is Juno doing?

(A) She is ice-skating.
(B) She is on a date with her boyfriend.
(C) She is watching some tots.
(D) She is talking with her father.

2. Where are Bern and Liberty Bell?

(A) At an ice-skating class
(B) At a library
(C) At the Statue of Liberty
(D) At a restaurant

3. What does Mac mean by "what's eating you?"

(A) What did you do?
(B) What's the matter?
(C) What are you doing?
(D) What kind of food do you like?

4. What is the relationship between Juno and Mac?

(A) They are brother and sister.
(B) They are father and daughter.
(C) They are a boss and a subordinate.
(D) They are uncle and niece.

5. Why does Juno seem concerned?

(A) She can't finish eating.
(B) She has lost face.
(C) She is thinking deeply about love.
(D) She saw a little mouse.

6. What does Mac infer about Juno?

(A) Her condition is too messy.
(B) She is happily in love.
(C) She is having problems with a boy.
(D) She is becoming more honest and kind.

第**14**章
アメリカの養子縁組

映画シーン②

(DVD ch.22, 01:17:53) 14-3

Mac :	Hey, big puffy version of Junebug. Where you been?	：おい、コガネムシのでっかいの。どこ行ってたんだ？
Juno :	Oh, just dealing with things way beyond my maturity level. Where is everybody?	：あたしの成熟度以上の問題を処理してたんだ。みんなはどこ？
Mac :	Well, Bren took Liberty Bell to her tot ice-skating class.	：ブレンは、リバティ・ベルをアイススケート教室に連れてったぞ。
Juno :	When will you guys learn that tots can't ice-skate?	：いつになったらおチビちゃんたちにアイススケートができないってわかるんだろう？
Mac :	You're looking a little morose. What's eating you?	：お前ちょっと不機嫌だな。何を悩んでいるのか？
Juno :	Oh... I'm just, like, losing my faith with humanity.	：え…ちょっと、なんていうか、人間性への信頼を失ってたの。
Mac :	Wow, can you narrow that down for me?	：おい、もっとわかりやすく話してくれないか？
Juno :	I just ... wonder if, like, two people can stay together for good.	：あたしはね、ただ…二人の人がさ、ずっと一緒にいることってできるのかなって。
Mac :	You mean, like couples?	：二人ってカップルとか？
Juno :	Yeah, like... people in love.	：そう。愛し合っている人たちのこと。
Mac :	Are you havin' boy trouble? 'Cause I got to be honest, I don't really much approve of you dating in your condition. That's... That's kinda messed up.	：お前恋愛の悩みか？ 正直に言うと、今のお前の状態で彼氏を作るのは俺は賛成できんな。…ありえないだろう。
Juno :	No, Dad, it's not...	：いや、お父さん、そういうことじゃなくて…

覚えておきたい
重要表現

tot: 小児、ちびっ子 morose: 不機嫌な What's eating you?: 何を悩んでいるのか？
humanity: 人間性 narrow down: 絞り込む、範囲を狭める
wonder if 〜: 〜かなあと思う for good: ずっと
you mean: つまり、要するに people in love: 愛し合っている二人 honest: 正直な
approve of〜: 〜を認める kinda: kind of の略 be messed up: 滅茶苦茶な、混乱している

リーディング演習 ——【Part7形式】

Directions: You are to choose the best answer, (A), (B), (C), or (D) to each question. Questions 7-9 refer to the following excerpt.

Juno's story takes place over four seasons, starting in the autumn. Juno, a quirky 16-year-old high-school junior in small-town Minnesota, finds out she's pregnant and the father is her best friend, Bleeker. Juno wrestles with all of her choices, and in the waiting room of a clinic, Juno decides to give birth and place the child with an adoptive couple. She finds the perfect couple in the personal ads, contacts them, tells her dad and step-mother, and carries on with school. The chosen parents are well-to-do yuppies. The husband is cool and laid back and gets along really well with Juno, while the wife is the opposite; meticulous and uptight. They meet Juno many times to go through all the red tape. Will the adoption and Juno's relationship with Bleeker work out like Juno planned, or will she have to make more difficult, unexpected decisions?

7. How long is this story?

    (A) One year
    (B) Four years
    (C) Through the autumn
    (D) 16 years

8. What happens to Juno?

    (A) She chooses to start wrestling.
    (B) She starts work at a clinic.
    (C) Her father becomes her best friend.
    (D) She discovers she will have a baby.

9. What does Juno plan to do?

    (A) She will raise a child herself.
    (B) She will have an abortion.
    (C) She will put a baby into adoption.
    (D) She will quit school.

覚えておきたい
重要表現

pregnant: 妊娠した　wrestle with: 取り組む　step-mother: 継母　well-to-do: 裕福な
meticulous: 几帳面な　red tape: お役所風の面倒な仕事

第14章 アメリカの養子縁組　文法・ボキャブラリーチェック————【Part5形式】

Directions: Select the best choice to complete the sentence based on the dialogue from this movie.

14-5

10. Can you narrow that (　　　) for me?

　　(A) up
　　(B) off
　　(C) down
　　(D) under

11. I just wonder if two people can stay together for (　　　).

　　(A) good
　　(B) well
　　(C) nice
　　(D) great

12. I don't really much (　　　) of you dating in your condition.

　　(A) forgive
　　(B) like
　　(C) agree
　　(D) approve

13. What's (　　　) you?

　　(A) having
　　(B) happening
　　(C) eating
　　(D) thinking

14. A traditional closed adoption would be best for all (　　　).

　　(A) involved
　　(B) involving
　　(C) involve
　　(D) involves

15. Are you looking for any (　　　) type of compensation?

　　(A) another
　　(B) other
　　(C) else
　　(D) other's

16. I'm (   ) high school.
 (A) on
 (B) in
 (C) over
 (D) with

17. The (   ) parents are well-to-do yuppies.
 (A) choosing
 (B) chose
 (C) chosen
 (D) choose

18. They meet Juno many times to go (   ) all the red tape.
 (A) with
 (B) on
 (C) beyond
 (D) through

19. Juno has to (   ) more difficult, unexpected decisions.
 (A) get
 (B) have
 (C) make
 (D) take

20. Juno's relationship with Bleeker (   ) out like Juno planned.
 (A) finds
 (B) works
 (C) tries
 (D) occurs

第14章
アメリカの養子縁組

映画の中の気になる表現

『ジュノ』Juno は比較的規模の小さな映画ながら、アカデミー賞で脚本賞を受賞し、Juno 役の Ellen Page も主演女優賞にノミネートされるなど注目されました。

脚本家の Diablo Cody は元ストリッパーという異色の経歴の持ち主で、書いていたブログが映画プロデューサーの目に留まり、脚本を書いてみないかと誘われたのが脚本家になったきっかけだそうです。彼女は 2007 年、The New York Times 紙のインタビューにこのように語っています。

"Stripping toughened my hide, but exposing myself as a writer has been a lot more brutal."
（ストリップは私を強くしたけど、脚本家として自分自身をさらけだすことはもっと恐ろしかった）

『ジュノ』でデビューし成功を収めた彼女の脚本家としてのキャリアは順調なようで Charlize Theron 主演で大人になりきれない 30 代女性を描いた『ヤング≒アダルト』Young Adult という作品でも『ジュノ』の Jason Reitman 監督と再タッグを組んでいます。

『ジュノ』の脚本には、ユーモアの効いた楽しい台詞が散りばめられています。台詞のユーモアはこの映画全体をポップで明るいものにしている要因のひとつなのですが、こういったユーモアは字幕にすると微妙なニュアンスが失われてしまうのが残念なところです。翻訳でニュアンスが失われてしまうことを英語で "Lost in Translation" と言います。東京を舞台にした Sofia Coppola 監督の映画のタイトルになりました。日本語字幕では表現しきれないユーモアも理解できるようになると、より楽しく映画を見る事ができますね。

特に父 Mac と Juno のやり取りが非常にユーモラスなのですが、そんな父が珍しく真面目に答える場面があります。この映画のクライマックスのひとつともいえる台詞です。Juno の「愛する二人がずっと一緒にいることは可能なのか」という問いに対する Mac の返答です。

（DVD ch.23, 01:19:14）

Mac : Well, it's not easy, That's for sure. And, uh, I don't have the best track record in the world, I know, but... I've been with your stepmother for ten years now, and, um, I'm proud to say, we're very happy. Look...in my opinion, the best thing you can do is find a person who loves you for exactly what you are. Good mood, bad mood, ugly, pretty, handsome, what have you. The right person's still gonna think the sun shines out of your ass. That's the kind of person that's worth sticking with.

： 簡単なことではないよ。確かにね。それに、父さんだって誇れる実績を持ってるわけじゃないが、俺はお前の義理の母親と結婚してもう 10 年になる。うむ、自慢して言えるが、俺たちはとても幸せだよ。いいかい…俺の意見だけど、お前ができる最高のことはな、お前をありのままで愛してくれる人をさがすことだぞ。上機嫌、不機嫌、醜い、かわいい、かっこいい、とか、そのままのお前をさ。ふさわしい人というのはね、太陽がお前のケツから輝き出ると考えるようなやつさ。一緒にずっと離れずにいる価値があるのは、そういう人だよ。

覚えておきたい重要表現

track record: 過去の調査記録　good mood: 上機嫌　bad mood: 不機嫌　ugly：醜い
shine out: 輝き出る　stick with: くっついて離れない

第15章

ストーリー

　2002年の感謝祭、太ったのはハンバーガーのせいとしてマクドナルドを訴える少女のニュースを見て、ひとりの男モーガン・スパーロックが立ち上がった。悪いのは企業なのか、それとも大量に食べた本人たちなのか？ 企業責任と自己責任の境目はどこに？ それを確かめるには、そうだ、30日間連続でマクドナルドだけを食べ続けてみよう。こうして最高で最悪な人体実験が始まった。モーガン・スパーロックが主演・監督を務める、アメリカのドキュメンタリー映画。

英語学習のポイント

　ドキュメンタリー映画のため、大部分をモーガンのナレーションが占めるが、彼の発音には特別なクセもなく非常に聞き取りやすい。街頭インタビューでは、作り物ではないネイティブ同士の生の会話を聞くことができるので、実際の会話スピードを体感しよう。
　またインタビューは様々な州で行っているために、地域ごとで話し方に特徴があり、その辺の違いに注目してみるのも面白い。

SCREENPLAY

スーパーサイズ・ミー
SUPER SIZE
ME

原題：Super Size Me
監督：Morgan Spurlock
出演：Morgan Spurlock
会社：Fortissimo Films
制作：2004年

第15章
肥満大国

米国社会の最も深刻な健康問題は肥満（obesity）といっても良いほど米国は肥満大国です。そしてそのやり玉に挙げられるのが、ファストフードチェーンであり、その中でも最大手のマクドナルドは常に批判のターゲットとなります。それだけ米国社会への影響力が大きいためとも言えるでしょう。一方で同社は、高校生にとっても、黒人（African American）をはじめマイノリティにとっても最大のアルバイト雇用先であり、一方的に批判されるのはフェアではないと思いますが、その存在感の大きさ故でしょう。

映画シーン① （DVD ch.02, 00:15:04） 15-1

Morgan :	Do you eat fast food?	:	ファストフードを食べることはありますか？
Man 1 :	Once in a while.	:	時々ね。
Morgan :	Yeah.	:	そうですか。
Man 1 :	Once in a while.	:	時々。
Morgan :	How, how often?	:	で、どのくらいの頻度で？
Man 1 :	I'd say probably once every two weeks.	:	そうねえ、多分、2週間に1回かな。
Man 2 :	Uh...three, four times a week, maybe.	:	うーん…週に3、4回かなあ
French Woman :	In France, yes.	:	フランスでは、食べますよ。
Morgan :	Yeah?	:	そう？
French Woman :	But here, no.	:	でもここでは、食べません。
Morgan :	No?	:	食べないの？
French Woman :	I don't like here. It doesn't sound very uh, clean.	:	こっちの、あまり好きじゃないの。あんまり、その清潔そうに聞こえません。
Morgan :	And what's your favorite place?	:	それでどの店が好きですか。
Man 1 :	Uh, probably Wendy's.	:	うん、多分、ウェンディーズですね。
French Woman :	McDo.	:	マクドナルド。
Man 2 :	Taco Bell. Taco Bell. McDonald's is pretty close.	:	タコベル。タコベルだね。マクドナルドも同じくらいかな。
Morgan :	Did you ever have Super Sized Cokes?	:	スーパーサイズのコーラを飲んだことがありますか？
French Woman :	Uh, no	:	うーん、ないです。
Morgan :	No.	:	ない。
French Woman :	In France...uh...uh...the small size here, it's a bigger size in France. Even the small size here, I can't drink.	:	フランスでは、あの…あの…ここのSサイズ、フランスではもっと大きいサイズです。ここのSサイズでさえ、私は飲めません。

覚えておきたい重要表現

once in a while: ときどき
Wendy's: マクドナルド、バーガーキングに次ぐ米国第三位のハンバーガーチェーン。
Taco Bell: タコスを専門にするファストフードチェーン。

第15章 肥満大国 リスニング演習 ──【Part3形式】

Please listen to a short conversation between two people. You must listen carefully to understand what the speakers say. You are to choose the best answer to each question.

1. What is NOT mentioned as being big in America?

(A) Companies
(B) Food
(C) People
(D) Drink sizes

2. How many Americans are overweight or obese?

(A) 60 million
(B) 16 million
(C) 100 million
(D) 10 million

3. Since 1980, what has happened to the number of overweight Americans?

(A) Decreased slightly
(B) Increased slightly
(C) Doubled
(D) Tripled

4. What is the fattest state in America?

(A) Mississippi
(B) New York
(C) Indiana
(D) West Virginia

5. What is suggested as a cause of obesity in America?

(A) Cooking dinner every day
(B) Too much time in the kitchen
(C) Eating outside the home too much
(D) Too much money in people's wallets

6. What is the second cause of preventable death in America?

(A) Obesity
(B) Smoking
(C) Smoking while obese
(D) Smoking while driving

第15章
肥満大国

映画シーン②

（DVD ch.01, 00:01:27）

Morgan:	Everything's bigger in America. We've got the biggest cars. The biggest houses. The biggest companies. The biggest food.	： アメリカではすべてが大きめである。我々は最大の車を持っている。最大の家。最大の企業。最大の食べ物。
：	And finally, the biggest people. America has now become the fattest nation in the world. Congratulations. Nearly one hundred million Americans are today either overweight or obese. That's more than sixty percent of all U.S. adults.	： そして最後に最大の人間たち。アメリカは今では世界で最も太った国になってしまった。おめでとう。1億人近いアメリカ人が今や体重超過か肥満である。それはアメリカ成人の60パーセントよりも多いのだ。
：	Since nineteen eighty, the total number of overweight and obese Americans has doubled. With twice as many overweight children and three times as many overweight adolescents. The fattest state in America? Mississippi, where one in four people are obese.	： 1980年以来、体重超過と肥満のアメリカ人の総数は2倍に増えた。体重超過の子どもは2倍。体重超過の青年は3倍。アメリカで一番太っている州は？それは、ミシシッピ州。そこでは、4人に1人が肥満である。
：	I grew up in West Virginia, currently the third fattest state in America.	： 僕はウェストバージニア州で育った。現在、全米3位の肥満州だ。
：	When I was growing up, my mother cooked dinner every single day. Almost all my memories of her are in the kitchen. And we never ate out. Only on those few rare special occasions.	： 僕が子どもの頃、母は、毎日必ず夕食を作ってくれた。僕の思い出の中ではいつだって母は台所にいたのだ。僕たちは絶対外食しなかった。たまに特別な日に行くだけだった。
：	Today, families do it all the time. And they're paying for it. Not only with their wallets...	： 今どきの家族はいつでも外食している。そして、その代償を支払っているのだ。そして財布の中身だけではなく…
：	...but with their waistlines.	： ウエストラインも失っている。
：	Obesity is now second only to smoking as a major cause of preventable death in America.	： 肥満は今やアメリカにおいて、喫煙に次いで2番目の主要な「予防可能な死」の原因になっている。

覚えておきたい重要表現

Congratulations: おめでとう 必ず s を付けて言う。　obesity: 肥満、形容詞は obese: 肥満の
double: 倍増する　adolescent: 青年、若者　preventable: 予防可能な

リーディング演習 ──【Part7形式】

Directions: You are to choose the best answer, (A), (B), (C), or (D) to each question.

Documentary filmmaker Morgan Spurlock makes himself the test subject of this documentary about the fast food industry. Rigorously eating a diet of McDonald's fast food, three times a day, for one month straight, Spurlock sets out to prove the physical and mental effects of consuming a lot of fast food. During the one-month experiment, Spurlock also provides a look at the fast food culture in America, through its schools, corporations, and the politics as seen through the eyes of the average Joe and health advocates. The documentary movie sheds a new light on what has become one of America's biggest health problems: obesity.

7. The word "rigorously" in line 2 is closest in meaning to:

(A) Enjoyably
(B) Quickly
(C) Thoroughly
(D) Costly

8. What was the purpose of Spurlock's one-month fast food-only experiment?

(A) To see the financial cost of fast food
(B) To see how much he could eat
(C) To see the effects a lot of fast food had on his body
(D) To see the most delicious fast food restaurants

9. What aspect of fast food culture is NOT looked at?

(A) The effects on schools
(B) Views of people who promote good health
(C) The involvement of businesses
(D) The views of parents of obese children

覚えておきたい
重要表現

rigorously: 厳密に　experiment: 実験
the average Joe: 熊さん八っさん（どこにでもいる一般の人）
health advocate: 健康問題について熱心に唱える人

第15章 肥満大国 文法・ボキャブラリーチェック ———【Part5形式】

Directions: Select the best choice to complete the sentence based on dialogue and descriptions from this movie.

15-5

10. (   ) you eat fast food?

    (A) When
    (B) Have
    (C) Do
    (D) Can

11. I eat fast food (   ).

    (A) once upon a time
    (B) one at a time
    (C) for a while
    (D) once in a while

12. (   ) do you eat fast food?

    (A) How many
    (B) How often
    (C) How much
    (D) How usually

13. I (   ) probably every day.

    (A) say
    (B) would say
    (C) had say
    (D) saying

14. I prefer the fast food (   ) France.

    (A) in
    (B) on
    (C) at
    (D) by

15. It doesn't (   ) very clean.

    (A) hear
    (B) listen
    (C) sound
    (D) notice

16. What's your (   ) place?

    (A) best
    (B) most
    (C) favorite
    (D) like

17. I like Taco Bell the most, but McDonald's is (   ).

    (A) close by
    (B) pretty near
    (C) pretty close
    (D) very near

18. Do you ever have (   ) Cokes?

    (A) super-size
    (B) super-sizing
    (C) super-sized
    (D) super-sizer

19. In America, the drink sizes are (   ).

    (A) biggest
    (B) much big
    (C) much biggest
    (D) much bigger

20. (   ) the small size here, I can't drink.

    (A) Even
    (B) Ever
    (C) Especially
    (D) Either

第15章 肥満大国 映画の中の気になる表現

　ニューヨーク市のまさに中心地、マンハッタンにはいかに多くのマクドナルドがあるかを Morgan による以下のナレーションパートが端的に表しています。

（DVD ch.01, 00:12:18）

Morgan:	There are more Mickey D's in Manhattan than anywhere else in the world.	： マンハッタンには、世界中のどこよりも多くのマクドナルドがあります。
	This tiny little island is less than thirteen miles long by two miles wide. Twenty-two point four square miles. And packed into that area are eighty-three McDonald's.	： この小さな島は、たてに 13 マイル弱、横に 2 マイル。22.4 平方マイルです。この面積に83軒のマクドナルドが押し込まれているのです。
	Nearly four per square mile. There are twice as many Mac Shacks as there are Burger Kings.	： 一平方マイルあたり約 4 店。バーガーキングの 2 倍のマクドナルドがあるんです。
	And there are more McDonald's than KFC, Wendy's, Popeyes and Taco Bell combined.	： そして、ケンタッキーフライドチキン、ウェンディーズ、ポパイズ、タコベルを全部合わせたよりも多くの数のマクドナルドがあります。
	That's a lot of burger.	： ハンバーガーだらけです。

覚えておきたい重要表現

Mickey D's: 米国ではマクドナルドのことを Golden Arches や Mickey D's と呼ぶことが多い。
square mile: 1マイルは約 1.6km なので 1 平方マイルは約 2.55 平方キロメートルとなる。
shack: shack は本来「掘っ建て小屋」を意味するが、ここでの Mac Shack はマクドナルドの店舗を指す。
Burger King: 米国第 2 位のハンバーガーチェーン。大きくて野菜のたくさん入ったワッパー（Whopper）というハンバーガーが有名。
Wendy's: 米国第 3 位のハンバーガーチェーン。三つ編みの赤毛の女の子「ウェンディ」のイラストがついたロゴマークでおなじみ。
Popeyes: 米国のフライドチキンのチェーン。スパイシーなケイジャン（Cajun）スタイルの料理が特徴。
Taco Bell: タコスやブリトーなど、メキシカン専門のファストフードチェーンとしては業界トップ。

第16章

ストーリー

　ゴッサムシティに不気味なメークをした最凶の犯罪者「ジョーカー」（ヒース・レジャー）が現れ、白昼堂々と銀行強盗をやってのける。そのころバットマン（クリスチャン・ベール）は、ゴードン警部補と新任地方検事のハーヴィー・デントと協力し、ゴッサムシティからマフィアを一掃しようと計画する。窮地に陥ったマフィアの前にジョーカーが現れ、彼らの全資産の半分を条件にバットマン殺害を提案。ジョーカーは、罪のない人々を次々に殺害しゴッサムシティを恐怖のどん底に陥れ、バットマンをも追い詰めていく…。

SCREENPLAY
名作映画完全セリフ集

ダークナイト
THE DARK KNIGHT

監督・脚本・製作 クリストファー・ノーラン
脚本 ジョナサン・ノーラン
製作 チャールズ・ローヴェン／エマ・トーマス

原題： The Dark Knight
監督： Christopher Nolan
出演： Christian Bale /
　　　 Heath Ledger /
　　　 Gary Oldman /
　　　 Aaron Eckhart
会社： Warner Bros. Pictures
制作： 2008 年

英語学習のポイント

　全編にわたって会話スピード、文法、語句は標準的である。しかし、犯罪・警察に関連した語彙のほか、バットマンならではの専門用語もいくつか使われている。バットマンの発音などが不明瞭なのに対して、ジョーカーが使う英語は、比較的ゆっくりはっきりと発音されているので聞きやすい。また、彼が使う語彙や文法、そして論理は明快で理解しやすい。そのため、バットマンやハーヴィーに比べてジョーカーが使う英語はこの映画で一番重みがあると言ってよい。

第**16**章
正義とは何か

バットマンシリーズ第6作目となるこの映画は、スーパーマンやスパイダーマンのようなアメリカンヒーローが登場し勧善懲悪するのとは一味異なり、「正義とは何か」を深く考えさせられる映画です。凶悪犯罪が蔓延し、警察すら信用できないゴッサムシティで悪人を懲らしめるバットマン。しかし警察でも裁判官でもないバットマンがしていることが果たして本当に正義なのか、最凶の犯罪者ジョーカーとの対決の中で、ストーリーは展開されていきます。以下のシーンは、ジョーカーがマフィア連中と交渉している場面です。

映画シーン①　（DVD ch.06, 00:22:31）　**16-1**

Chechen :	What do you propose?	:	おまえの提案は？
Joker :	It's simple. We, uh, kill the Batman.	:	簡単さ。俺たちがバットマンを殺す。
Maroni :	If it's so simple, why haven't you done it already?	:	そんなに簡単なら、何でまだやってないんだ？
Joker :	If you're good at something, never do it for free.	:	得意なことは、絶対タダじゃやらないもんだぜ。
Chechen :	How much you want?	:	で、いくら欲しいんだ？
Joker :	Uh, half.	:	えーっと、半額。
Gambol :	You're crazy.	:	おまえ狂ってるぜ。
Joker :	No, no, I'm not. If we don't deal with this now… soon…little ah Gambol here won't be able to get a nickel for his grandma.	:	いや、いや、狂ってなんかいないぜ。今この話をまとめておかないと…そしたらたちまち、ここにいるギャンプル坊やもばあちゃんに5セントにすらあげられなくなるんだぜ。
Gambol :	Enough from the clown!	:	ピエロ野郎の話はもうこれで十分だ！
Joker :	Ah, ta-ta-ta. Let's not blow…	:	おっと、おっと。やめとこうぜ…
Mobster 2 :	Shit!	:	クソッ！
Joker :	…this out of proportion.	:	…これをドカンとやっちゃうのは。
Gambol :	You think you can steal from us and just walk away?	:	俺たちから盗みを働いてそのまま逃げられると思っているのか？
Joker :	Yeah.	:	ああ。
Gambol :	I'm putting the word out. Five hundred grand for this clown dead. A million alive, so I can teach him some manners first.	:	懸賞金の知らせを出してやるぜ。このピエロ野郎を殺したら50万ドル。生け捕りなら100万ドルだ、こいつにまず礼儀を教えられるようにな。
Joker :	All right. So, listen, why don't you give me a call… when you wanna start taking things a little more seriously? Here's my card.	:	わかった。じゃ、こうしよう。もうちょっと真剣に話がしたくなったら、あんたの方から電話をくれないか？これが俺の名刺だ。
:	Mm-mm	:	フフフーン。

deal with: 取り扱う　nickel:5セント硬貨　penny: 1セント硬貨　dime: 10セント硬貨
quarter: 25セント硬貨　blow out of proportion: 過剰に反応する　grand: 1,000ドル
Why don't you ～?: 提案・助言で～をしてはどうか。の意味。

第16章
正義とは何か

リスニング演習 ———【Part3形式】

Please listen to a short conversation between two people. You must listen carefully to understand what the speakers say. You are to choose the best answer to each question.

16-2

1. Why was Harvey late?

    (A) He had to use the steps.
    (B) He took the bus.
    (C) He doesn't say the reason.
    (D) His car was going backwards.

2. What does Harvey want to use a coin for?

    (A) To get a date with Rachel
    (B) To give to his father
    (C) To buy some briefs
    (D) To decide who should start

3. What does Harvey imply?

    (A) He is always lucky.
    (B) He likes to take chances.
    (C) He is very unlucky.
    (D) He creates his luck.

4. What might Harvey do later?

    (A) Meet Sally for tea
    (B) Play golf with the mayor
    (C) Meet with the D.A.
    (D) Meet Rachel for dinner

5. Who most likely is Freel?

    (A) A lawyer
    (B) A judge
    (C) A criminal
    (D) A District Attorney (D.A.)

6. What does the expression "fair's fair" mean?

    (A) Let's make things free.
    (B) Let's make things equal.
    (C) I think everything is unfair.
    (D) I think everything is fun.

第16章
正義とは何か

映画シーン②

(DVD ch.04, 00:13:58) 16-3

Harvey :	Sorry I'm late, folks.	: みんな、遅れてすまない。
Rachel :	Where were you?	: どこにいたの？
Harvey :	Worried you'd have to step up?	: 自分が出なきゃいけないのかと心配してたのかい？
Rachel :	Harvey, I know these briefs backwards.	: ハーヴィー、この書類はもう完全に知り尽くしてるわよ。
Harvey :	Well, then...fair's fair.	: まあ、それじゃお互い公平にいこう。
	: Heads, I'll take it. Tails, he's all yours.	: 表なら僕が引き受ける。裏ならこの被告人は君のものだ。
Rachel :	Yeah? You wanna flip a coin to see who leads?	: えっ？ どっちが担当するかコインで決めるっていうの？
Harvey :	It's my father's lucky coin. As I recall, it got me my first date with you.	: 親父のラッキーコインなんだ。覚えてる限りでは、これで初めて君とデートできたんだ。
Rachel :	I wouldn't leave something like that up to chance.	: 私ならそんなこと運に任せたりしないわ。
Harvey :	I don't.	: 運に任せたりなんて僕はしない。
	: I make my own luck.	: 自分で運は切り開いていくんだ。
Bailiff :	All rise. The Honorable Judge Freel presiding.	: 全員起立。フリール裁判長の入廷です。
Maroni :	I thought the D.A. just played golf with the mayor, things like that.	: 地方検事さんは市長とゴルフを楽しんでるとか、そんなところかと思ったよ。
Harvey :	Teeoff's one thirty. More than enough time to put you away for life, Sally.	: プレー開始は1時半だ。お前を終身刑にするには十分すぎる時間さ、サリー。

覚えておきたい
重要表現

flip a coin: コイントスをする
コイントスは、2者の順番を決定するために、硬貨を投げて表（head）か裏（tail）どちらが出るかを観る行為です。コインを投げる人が Heads or tails? といい言われる側がどちらかを言います。日本では順番を決めるとき、じゃんけんをしますが、米国ではコイントスのほうが一般的です。
All rise: 全員起立（裁判用語）　Judge Freel presiding: フリール裁判長の入廷です（裁判用語）。

リーディング演習 ——— 【Part7形式】

Directions: You are to choose the best answer, (A), (B), (C), or (D) to each question.

　Gotham's new district attorney (D.A.) has been elected and his name is Harvey Dent. Harvey has radical new ideas to take down Gotham's organized crime once and for all, something that Batman was never able to do. A new criminal mastermind known only as the Joker has arrived and he wants to take Gotham out from under Harvey Dent's iron fist. The Joker stages a series of horrific and strategic attacks against the city of Gotham and its people - each one carefully aimed at Dent and Batman, while causing the rest of the city to enter into panic mode. The Joker must be stopped, but who will be the one to stop him? Will it be the rogue hero Batman, or will it be elected official Harvey Dent, the city's new hero?

7. What is NOT true about the Joker?

(A) He has no other identity.
(B) He wants to create chaos in Gotham.
(C) He targets both Batman and Harvey Dent.
(D) He wants to take down Gotham's criminal masterminds.

8. What is implied about the situation in Gotham?

(A) Batman is not involved in anything.
(B) The people of Gotham like Batman more than Dent.
(C) The Joker's attacks are not serious.
(D) Batman wasn't able to end all the crime in Gotham.

9. The words "iron fist" in line 5 are closest in meaning to:

(A) strong control
(B) good defense
(C) valuable position
(D) clever strategy

覚えておきたい
重要表現

district attorney（D.A.）：地方検事
radical: 過激な
mastermind: 黒幕、天才　rogue: 悪漢、ごろつき

第**16**章
正義とは何か

文法・ボキャブラリーチェック ——【Part5形式】

Directions: Select the best choice to complete the sentence based on dialogue and descriptions from this movie.

16-5

10. What do you (   ) we do about the problem?

    (A) prepare
    (B) prefer
    (C) propose
    (D) protect

11. Why haven't you done it (   )?

    (A) already
    (B) before
    (C) not yet
    (D) once in a while

12. (   ) you're good at something, never do it for free.

    (A) Why
    (B) If
    (C) So
    (D) Although

13. If we don't (   ) with this soon, it will be a problem.

    (A) deal
    (B) manage
    (C) solve
    (D) work

14. You won't be (   ) to do that. I'm going to stop you!

    (A) able
    (B) skilled
    (C) ability
    (D) OK

15. I've had (   ) from you. Go away!

    (A) too much
    (B) a lot
    (C) enough
    (D) more

16. Let's not (   ) this out of proportion.
   (A) explode
   (B) erase
   (C) punch
   (D) blow

17. You think you can do this and (   ) walk away?
   (A) only
   (B) just
   (C) hardly
   (D) almost

18. I'm putting the (   ) out. Soon everyone will know.
   (A) sentence
   (B) news
   (C) word
   (D) notice

19. (   ) don't you give me a call?
   (A) How
   (B) When
   (C) Why
   (D) Who

20. We need to (   ) things a little more seriously.
   (A) take
   (B) have
   (C) give
   (D) provide

第16章 正義とは何か

映画の中の気になる表現

　ジョーカーはバットマンを戦い甲斐のある好敵手と看做していることが窺えるのが、"You complete me." という表現です。complete は「欠けたものを補って完全にする」という意味。バットマンを「善」とすれば、ジョーカーは「悪」で、どちらが欠けても「善と悪の戦い」は完全にはならないという点で、お互いを補い合う関係にあるとジョーカーは言っています。

（DVD ch.23, 01:27:27）

Batman : You wanted me. Here I am.
： 俺に用があるんだろう。だからここに来てやった。

Joker : I wanted to see what you'd do. And you didn't disappoint. You let five people die. Then you let Dent take your place. Even to a guy like me, that's cold.
： 俺が見たかったのは、お前がどうするかだ。期待は裏切らなかったよ。5人の人間を見殺しにした。それから、デント検事を自分の身代わりにもした。俺のような人間でも、そりゃひどいな。

Batman : Where's Dent?
： デント検事はどこにいる？

Joker : Those Mob fools want you gone so they can get back to the way things were. But I know the truth. There's no going back. You've changed things. Forever.
： あのマフィア連中は、お前が消えさえしたら、また元の通りになると思っている。だが、俺には本当のことがわかる。もう元には戻らないってことが。お前がいろんなことを変えちまった。永遠にな。

Batman : Then why do you wanna kill me?
： じゃあ、なぜ俺を殺そうとするんだ？

Joker : I don't… I don't wanna kill you. What would I do without you? Go back to ripping off Mob dealers? No, no. No. No, you… You complete me.
： 俺はしない、俺はお前を殺したくはないさ。お前がいなくなったら、俺は何をすればいいんだ？また、ギャング連中のかつあげに戻れって言うのか？嫌だな、まっぴらごめんだ。お前がいてはじめて俺は俺なんだ。

Batman : You're garbage who kills for money.
： お前は、金のために人殺しをするクズ野郎だ。

覚えておきたい重要表現　mob: ギャング団、暴力団　rip off: カツアゲをする　関連: rip-off artist: 詐欺師、ペテン師
garbage: くず、ごみ、（人に例えると）役立たず

第17章

ストーリー

　ジャーナリストを目指して NY にやってきたアンディ (アン・ハサウェイ) は、少し太めでおしゃれのセンスゼロの女の子。そんな彼女が就いた仕事は、一流ファッション誌『ランウェイ』のカリスマ編集長、ミランダ (メリル・ストリープ) のアシスタントだった。それは、何百万人もの女性の憧れの職業である反面、悪魔のような上司に昼夜を問わず理不尽な命令を突きつけられる過酷なポスト。驚き迷いながらもキャリアのためと頑張るアンディだったが、私生活はボロボロになり、本当の自分を見失っていく…。

SCREENPLAY

THE
DEVIL
WEARS
PRADA
プラダを着た悪魔

再改訂版

この映画の1000のセリフが
あなたの英語をおしゃれにする!!
セリフの約8割が中学生単語です。
スクリーンプレイのベストセラー、語句解説が更に充実して新登場!!

原題：The Devil Wears Prada
監督：David Frankel
出演：Meryl Streep /
　　　Anne Hathaway
会社：20th Century Fox
制作：2006 年

英語学習のポイント

　語彙、文法、発音のいずれに関してもほぼスタンダードな英語といってよい。ビジネスの現場で使われる言い回しや、ファッション業界の最先端で働く人々の会話を聞くことができる。また、ミランダの「対話」というスタイルからかけ離れた英語、エミリーのイギリス英語、カメオ出演している大物デザイナーのイタリア訛りの英語、フランス語混じりの英語などには、登場人物の特徴が表れている。

第**17**章
プロフェッショナルの会話

メリル・ストリープ演じるミランダは、悪魔のような最低最悪の上司で、無理難題をアンディに押し付けてきます。その一方で、ファッションに関してその知識や洞察力の深さには誰しも一目置かざるをえません。その一端を表しているのが以下の場面です。

 映画シーン① （DVD ch.09, 00:22:51）

Miranda :	Something funny?	：	何かおかしい？
Andy :	No. No, no, nothing's... You know, it's just that...both those belts look exactly the same to me. You know, I'm still...learning about this stuff and, uh...	：	いいえ。いえ、別に…。なんでもありません。あの…、ただ私にはどちらも全く同じものに見えます。あの、私はまだ…こういうものはまだ勉強中で…
Miranda :	This..."stuff"?	：	こういう…「もの」ですって？
:	Oh, okay. I see. You think this has nothing to do with you.	：	あら、そう。そういうことね。あなたには関係ないことだって思ってるんでしょう。
:	You go to your closet and you select, I don't know, that lumpy blue sweater, for instance, because you're trying to tell the world that you take yourself too seriously to care about what you put on your back, but what you don't know is that that sweater is not just "blue." It's not turquoise. It's not lapis. It's actually cerulean.	：	あなたは自分のクローゼットに行って、自分で選ぶのよねえ、その、例えば、いかにもさえないブルーのセーターを。あなたは着るものなんか気にしないくらいまじめなんだってことを世間に伝えようとしてね。でも、あなたは知らないでしょうけど、そのセーターはただのブルーではないの。ターコイズでもない。ラピスでもない。セルリアンよ。
Miranda :	And you're also blithely unaware of the fact that in two thousand two, Oscar de la Renta did a collection of cerulean gowns, and then I think it was Yves Saint Laurent, wasn't it, who showed cerulean military jackets. I think we need a jacket here.	：	それに能天気なあなたは知らないでしょうけど、２００２年にオスカー・デ・ラ・レンタがセルリアンのドレス・コレクションを発表した。それから確かにイヴ・サンローランだったわね、その色のミリタリー・ジャケットを発表したのは。ジャケットがいるわね。
Nigel :	Um.	：	ふむ。
Miranda :	And then cerulean quickly showed up in the collection of eight different designers. And then it, uh, filtered down though the department stores, and then trickled on down into some tragic "Casual Corner" where you, no doubt, fished it out of some clearance bin. However, that blue represents millions of dollars and countless jobs.	：	そして、それ以降セルリアンは、たちまち8人の異なるデザイナーのコレクションに登場。そのあと、それは次第に市場に行き渡ってデパートで販売され、そして徐々にそこいらの安っぽい「カジュアル・コーナー」にも出回って、あなたはそこでそのかごから探し出して買ったということよ。しかしながら、そのブルーは、巨大市場と無数の労働を象徴しているわけ。

覚えておきたい重要表現

have nothing to do with: 〜とは何ら関係がない　lumpy: さえない　blithely: 能天気な
filter: 浸透する、徐々に行き渡る　trickle down: 少しずつ流れ出る
fish...out of: 〜から〜を取り出す
clearance bin: 在庫一掃品の入れ物

第17章 プロフェッショナルの会話

リスニング演習 ───【パート3形式】

Please listen to a short conversation between two people. You must listen carefully to understand what the speakers say. You are to choose the best answer to each question.

17-2

1. What job is Andy applying for?

(A) Human Resources
(B) Miranda's first assistant
(C) Miranda's second assistant
(D) Emily's assistant

2. What is implied about this workplace?

(A) It is a difficult place to work at.
(B) It is fun and there is lots of humor.
(C) It is easy to get promoted.
(D) There are many holidays.

3. Who is Miranda?

(A) Emily's first assistant
(B) An editor of a magazine
(C) The chief flight attendant
(D) An influential business woman

4. What is said about Miranda?

(A) She has a good sense of humor.
(B) Many people want to kill her.
(C) She is a legend in the business.
(D) She is very kind-hearted.

5. What does Andy think about the job opportunity?

(A) She is interested and hopes to be hired.
(B) She is not interested and doesn't want to be hired.
(C) She has no confidence that she will get hired.
(D) She is worried that she will be hired.

6. What is implied about Andy?

(A) She is not very fashionable.
(B) She is very fashionable.
(C) Her hair style is unique.
(D) Her hair style is fashionable.

映画シーン②

(DVD ch.01, 00:03:43) 17-3

Emily : Andrea Sachs? : アンドレア・サックスさん?

Andy : Yes? : そうですが?

Emily : Great. Human Resources certainly has an odd sense of humor. Follow me.
: まいったわ。人事部の悪ふざけもどうかしてるわね。ついてきて。

Emily : Okay. So I was Miranda's second assistant, but her first assistant recently got promoted, and so now I'm the first.
: いいこと、私はミランダの第2アシスタントだったんだけど、第1アシスタントがこの前昇進したから、今は私が1番目なの。

Andy : Oh, and you're replacing yourself. : ああ、それで後任を探してるんですね。

Emily : Well, I am trying. Miranda sacked the last two girls after only a few weeks. We need to find someone who can survive here. Do you understand?
: ええ、そのつもり。ミランダは前の2人をたった数週間でクビにしたわ。私たちはここで生き残れる人を探さなきゃいけないの。わかる?

Andy : Yeah, of course. Who's Miranda? : ええ、もちろん。ミランダって誰ですか?

Emily : Oh, my god. I will pretend you did not just ask me that. She's the editor-in-chief of Runway. Not to mention a legend. Work a year for her and you can get a job at any magazine you want. A million girls would kill for this job.
: なんてことを。その質問は聞かなかったことにするわ。ミランダは『ランウェイ』の編集長よ。伝説的存在のね。彼女の下で1年間働けば、どんな雑誌社でも使ってもらえるわ。女性なら誰でも憧れる仕事よ。

Andy : It sounds like a great opportunity. I'd love to be considered.
: それはすごいチャンスですね。ぜひ採用してもらいたいわ。

Emily : Andrea. Runway is a fashion magazine, so an interest in fashion is crucial.
: アンドレア。『ランウェイ』はファッション雑誌よ。ファッションに対する興味が不可欠なの。

Andy : What makes you think I'm not interested in fashion?
: なぜ私がファッションに興味がないって思うんですか?

覚えておきたい重要表現

human resources department: 人事（人財）部　personnel department と同義。
get promoted: 昇進した　promotion 昇進（降格は demotion）　sack: 解雇する（俗語）
editor-in-chief: 編集長　kill for: 熱望する（俗語）　crucial: 必要不可欠の。

リーディング演習 ——【Part7形式】

Directions: You are to choose the best answer, (A), (B), (C), or (D) to each question.

The story tells about the professional adventure of Andy（Andrea）Sachs, a young college graduate whose greatest dream is to put her writing skills to the test and become a journalist. To make ends meet, Andy gets a job in the fashion industry with Runway magazine, one of the most influential publications in the business. Andy ends up being the assistant for Runway's editor-in-chief Miranda Priestly, one of the most powerful women in the fashion industry. Miranda is a demanding and difficult woman, yet Andy works really hard to deal with Miranda's endless, unimaginable requests. However, Andy gradually finds she is working 24/7 and has little time for her boyfriend and friends. She realizes that being Miranda's assistant is causing her to lose what really matters most to her and that she needs to make a tough decision.

7. The term "24/7" in line 9 is closest in meaning to

(A) from 9:00 to 7:00
(B) 247 days a year
(C) All day, every day
(D) 247 hours a month

8. Why did Andy apply to work at Runway magazine?

(A) She wants to be a fashion designer.
(B) She wanted to work for Miranda Priestly.
(C) She is interested in the fashion business.
(D) She wants to be a writer for a publication.

9. What is suggested from this passage?

(A) Andy's job gives her a lot of free time.
(B) Andy's boyfriend hardly sees her.
(C) Andy's friends are working hard too.
(D) Andy's boss, Miranda, is her good friend.

覚えておきたい
重要表現

make ends meet: 借金なし（収支内）で暮らす
end up ～ing: ということになる　demanding: 要求がきつい
24/7: 24 hours/7 days a week の略語で「いつも」「常に」

第17章
プロフェッショナルの会話

文法・ボキャブラリーチェック ――――【Part5形式】

Directions: Select the best choice to complete the sentence based on dialogue and descriptions from this movie.

17-5

10. Why are you laughing? Is there something (   )?

    (A) interesting
    (B) fun
    (C) funny
    (D) smile

11. These two things look (   ) the same to me.

    (A) similar
    (B) exactly
    (C) correctly
    (D) near

12. You think this has (   ) to do with you.

    (A) none
    (B) no means
    (C) not
    (D) nothing

13. You select that lumpy blue sweater, (   ).

    (A) for instance
    (B) such as
    (C) like this
    (D) example

14. You're trying to tell the (   ) that you don't care.

    (A) society
    (B) city
    (C) country
    (D) world

15. This is not (   ) blue. It's actually cerulean.

    (A) only
    (B) just
    (C) absolutely
    (D) thoroughly

16. You are (   ) of the fact that this sweater color is not original.

(A) unaware
(B) unnoticed
(C) unfamiliar
(D) uninformed

17. Oscar de la Renta (   ) a (   ) of cerulean gowns in 2002.

(A) made / group
(B) did / pack
(C) did / collection
(D) made / combination

18. It was Yves Saint Laurent (   ) cerulean military jackets.

(A) that show
(B) who showing
(C) showed
(D) who showed

19. Cerulean quickly (   ) in the collection of eight different designers.

(A) appear
(B) showed up
(C) arrived
(D) came

20. You, (   ), fished it out of some clearance bin.

(A) no doubt
(B) with doubt
(C) doubtingly
(D) doubtfully

映画の中の気になる表現

第17章 プロフェッショナルの会話

公私混同を平気でする暴君ミランダの要求にも期待以上の結果を残すアンディの行動の一端を窺わせるのが以下の場面です。同僚秘書のエミリーは気が気ではありません。この後、どのような展開になるかは、実際の映画でお楽しみください。

(DVD ch.18, 00:48:20)

Andy :	Okay, okay. Um, okay, okay. It really wasn't that big a deal, I promise. It was…the twins said hello, so I said hello back, and then I…went up the stairs to give her the Book, and then, uh…	：わかった、わかった。大丈夫、平気。ほんとにたいしたことじゃないわ、絶対よ。双子があいさつしてきたから、私もあいさつして、それで…本を渡すために 2 階へ上がったら、そしたら…
Emily :	You went upstairs? You went upstairs. Oh, my god. Why didn't you just climb into bed with her and ask for a bedtime story?	：2 階へ上がったの？ 2 階へ上がったのね。なんてことを。彼女のベッドにもぐりこんで、おとぎ話でもしてもらえばよかったのに。
Andy :	Okay. Okay. I made a mistake. I know.	：いいわ。わかった。私のミスよ。わかってる。
Emily :	Andrea, you don't understand. If you get fired, that might jeopardize Paris for me, and if that happens, I will search every Blimpie's in the tri-state area until I track you down.	：アンドレア、あなたはわかってないわ。あなたがクビになったら、私のパリ行きも危なくなるのよ。もしそうなったら、向こう 3 州のブリンピーを 1 軒残らずあたって、あなたを探し出してやるから。
Andy :	Hold on… She's gonna fire me?	：ちょっと待って…。私、クビになるの？
Emily :	I don't know. She's not happy.	：さあね。彼女はご機嫌斜めよ。
Miranda :	Andrea.	：アンドレア。

プラダについて

　プラダ（Prada）は、世界を代表する高級ファッションブランドであり、同ブランドを展開するアパレル会社でイタリア・ミラノに本社を置きます。メインブランド（レディース・メンズ）のほか、レディース限定の姉妹ブランドとして Miu Miu（ミュウミュウ）を展開しています。いずれもチーフデザイナーは創業家 3 代目のミウッチャ・プラダ。この映画でその知名度を一段と上げることになりました。なお、ミランダのモデルになったと言われているのが、米版ヴォーグ編集長のアナ・ウィンターで、ファッション業界で働いている人なら知らない人はまずいないと言われています。38 歳の時に米ヴォーグ誌の編集長に着任し、優れたファッションセンスとビジネスセンスで着実に売上げを伸ばし、ヴォーグを巨大メディアへと成長させ60 歳を過ぎても現役バリバリで活躍しています。"表紙はファッションモデル" というのが定説だった時代に、女優を表紙に採用したのも彼女です。

覚えておきたい重要表現

It is not a big deal.: たいしたことじゃない。　get fired: 解雇される

索　引 ― 覚えておきたい重要表現

【 あとがき 】

The appeal of movies is universal; most people in most cultures enjoy watching movies. Hollywood movies seem to have the broadest attraction, with their big budgets and big stars. The trouble with Hollywood movies is that the language used in them is intended for other native speakers, so the dialogue can often be difficult to understand because of the heavy use of idioms and slang, and the speed that actors speak with.

Many students of English like to challenge themselves by studying Hollywood movies, but doing this can be a slow and difficult process. This book is intended to help those people interested in watching movies as a way to improve their English understanding. The movies chosen are all well-known, and each movie's exercises help to clarify key scenes through language and cultural explanations. We hope that this book can help you to enjoy these movies more, and that you are able to learn something new about language and culture in the process.

Matthew Wilson

As recently as 8 years ago, no one including myself imagined that I would be speaking English everyday still less writing an English learning book. Today I am working in front of cameras or on stage, speaking English and am fortunately given this great opportunity to co-write this exciting book. Acquiring English skill certainly opened a door to the new world that I never imagined.

Watching English-language movies and learning lines from those movies have helped me a great deal in brushing up on my English.

I really hope that you enjoy reading this book and discovering movies you like, and that this book will help you to pursue your dreams.

Let's make it happen!

8年前は、私が英語を毎日話すことなど、ましてや英語学習本の出版に関わることなど誰も予想しなかったと思います。現在、私はカメラの前や舞台上で、英語を使い仕事をしています。そして幸運なことに、このような素晴らしい本の一部を執筆させていただく機会に恵まれました。

英語が話せるようになったことで、以前は想像すらできなかった新しい世界への扉が開きました。

ほとんど英語が話せなかった私にとって、英語の映画を繰り返し見て台詞を覚え真似することが最も効果的な英会話の勉強方法でした。

現在でも、英語力アップのために同じ方法で勉強を続けています。

楽しんでいただけましたか？ 気に入った映画は見つかりましたか？
本書が、少しでも皆様の夢を叶える助けになれば幸いです。
一緒に頑張りましょう！

Tomoko Hayakawa

早川　知子

【 共著者紹介 】

鶴岡　公幸（つるおか・ともゆき）
横浜市生まれ。キッコーマン（株）、（財）国際ビジネスコミュニケーション協会、KPMGあずさ監査法人、宮城大学食産業学部を経て現在、神田外語大学外国語学部国際コミュニケーション学科教授。米国インディアナ大学経営大学院卒（経営学修士）。ビジネス英語関連の著書多数。
執筆章：第1章〜第5章、第7章、第8章、第12章、第13章

Matthew Wilson（マシュー・ウィルソン）

カナダ出身。韓国、日本で長年、英語教育に携わる。研究分野はALTの効果分析を含めた日本における英語教育。米国Shenandoah大学大学院卒業。同校より修士号取得（TESOL）。宮城大学基盤教育群教授。
執筆章：第6章、第9章、第10章、第15章、第16章、第17章

早川　知子（はやかわ・ともこ）

リクルートコスモス（現コスモスイニシア）、丸紅欧州会社、翻訳、英語講師、映画制作現場のアシスタントプロデューサーなどを経て女優デビュー。映画、テレビ、CM、舞台で活躍中。NHK Worldのレポーターも務める。
執筆章：第11章、第14章

Business English in Movies
映画で学ぶビジネス英語　改訂版

初　　版	第1刷　2021年8月30日		
著　　者	鶴岡公幸	Matthew Wilson	早川知子
英文校正	Mark Hill		
音　　声	Angela Bingham, Daniel Ostrander, Mark Hill, Sheila Patton		
発 行 者	久保　鉄男		
発 行 所	株式会社フォーイン　スクリーンプレイ事業部 〒464-0025 名古屋市千種区桜ヶ丘292 Screenplay Dept. of FOURIN, INC. Sakuragaoka 292, Chikusa-ku, Nagoya, Aichi, 464-0025, Japan 振替口座・00860-3-99759 ☎ 052-789-1255（代表）／ FAX:052-789-1254		
写　　真	名作映画完全セリフ集 "スクリーンプレイ・シリーズ"より		
印 刷 所	株式会社チューエツ		
ISBN	978-4-89407-612-9		

Business English in Movies

改訂版

in Movies

模範解答集

Tomoyuki Tsuruoka / Matthew Wilson / Tomoko Hayakawa

Teacher's Manual

- 授業でのご採用の場合、本模範解答集は本誌に添付されません。授業開始前に、学生には本誌をご購入いただきますが、その際、本模範解答集は採用部数分をまとめてご担当の先生に送付いたします。単位授業終了後に、学生に配布してください。
- 本誌には、別売りの『音声教材』があります。ネイティブの音声を学生に聞かせながら授業を行っていただくことができます。お近くの書店または、スクリーンプレイに直接ご連絡ください。

SCREENPLAY

株式会社フォーイン　スクリーンプレイ 事業部
〒 464-0025 名古屋市千種区桜が丘 292 番地
TEL:052-789-1255　　FAX:052-789-1254　　https://www.screenplay.jp/

ANSWER KEY

1. C	2. B	3. C	4. A	5. B	6. B	7. C	8. C	9. A	10. A
11. D	12. B	13. D	14. C	15. A	16. B	17. D	18. D	19. D	20. C

リスニング演習（訳例）

1. 彼女たちはどのくらいの期間、一緒に働いていますか。
   - (A) 約 1 年
   - (B) 約 1 週間
   - ○ (C) 初日
   - (D) 10 年以上
2. キャサリンは今、何歳ですか。
   - (A) 28 歳
   - ○ (B) 29 歳
   - (C) 30 歳
   - (D) 31 歳
3. キャサリンとテスはどのような関係ですか。
   - (A) 彼女たちは双子です。
   - (B) 彼女たちは姉妹です。
   - ○ (C) 彼女たちは上司と部下です。
   - (D) 彼女たちは旧友です。
4. 会話から何が推測されますか。
   - ○ (A) テスは、年上の男性上司と働いていた。
   - (B) テスは、年下の女性上司としばしば働きます。
   - (C) テスは、年上の男性たちと働くことにうんざりしている。
   - (D) テスは、年下の女性たちと働きたくない。
5. テスは、おそらく次に何をしますか。
   - (A) 彼女は自分の誕生日プレゼントにうさちゃんを購入する。
   - ○ (B) 彼女は上司のためにコーヒーを入れる。
   - (C) 彼女は上司のためにツインルームを予約する。
   - (D) 彼女は自分のためにコーヒーを入れるだけ。
6. キャサリンは「私はライトで」となぜ言ったのですか。
   - (A) 彼女はダイエットがしたい。
   - ○ (B) 彼女はクリーム入りコーヒーが飲みたい。
   - (C) 彼女は自分の仕事を減らしたい。
   - (D) 彼女は自分が正しいことを証明したい。

リーディング演習（訳例）

　秘書のテス・マクギルは、ニューヨークで大きなビジネスの世界に立ち向かうのに苦戦し、苛立っていました。しかし、彼女の上司がスキー休暇で足を骨折したとき、テスはチャンスをつかみました。テスは、自身のキャリアアップのために、上司の欠勤を利用します。テスは大仕事に取り組むため、投資ブローカーであるジャック・トレーナーに協力します。ところが、上司の復帰後、事態はますます複雑になり…。

7. なぜテスは苛立っていますか。
   - (A) 足を骨折したため。
   - (B) 上司とのコミュニケーションがうまくいっていないため。
   - ○ (C) キャリアアップに励んでいるため。
   - (D) 投資銀行に多くのお金を保有しているため。
8. 1 行目の "forge" にもっとも近い意味を表すものはどれですか。
   - (A) 急いで戻る
   - (B) 活発に競争する
   - ○ (C) 徐々に進む
   - (D) 賢く投資する
9. テスはどのようにして上司の休暇を利用しますか。
   - ○ (A) キャリアアップをするために活用する。
   - (B) リラックスし、休暇を楽しむ。
   - (C) 上司の秘密を見つけようとする。
   - (D) スキーのための休暇を取得した。

文法・ボキャブラリーチェック

10. We are practically twins.
    ほとんど双子ってわけね。
11. I've never worked for somebody who was younger than me before.
    年下の上司なんて初めてです。
12. There is a first time for everything.
    何にでも最初があるわ。
13. Why don't you pour us a couple of coffees?
    コーヒーを用意して。
14. I'm terribly sorry that I was not able to accommodate your original request.
    当初のご要望にお応えできなくて本当にごめんなさい。
15. I am afraid our manager is on another line.
    あいにく部長は他の電話に出ております。
16. Let's communicate with each other. It's a two-way street on my team.
    お互いに連絡を取り合いましょう。私たちはお互い様よ。
17. Am I making myself clear?
    私の言いたいこと理解してもらえた？
18. Wendy is a frustrated office worker.
    ウエンディーは、いらいらした事務員です。
19. Please take advantage of your summer holidays to study abroad.
    海外留学のために夏休みを活用してください。
20. I'm working on a big deal with an investment bank.
    投資銀行と大きな取引をしている。

ANSWER KEY

1. B　　2. A　　3. D　　4. C　　5. B　　6. D　　7. B　　8. D　　9. C　　10.C　　11. B
12. B　13. D　14. C　15. A　16. A　17. B　18. C　19. D　20. C　21.D　22. B

リスニング演習（訳例）

1. なぜキャロラインはクリスに謝罪しているのですか。
   - (A) 彼女は彼に嘘をついた。
   - ○ (B) 彼女は彼に間の悪いとき彼女に会うよう頼んだ。
   - (C) 彼女は昨晩約束を破った。
   - (D) 彼女は部屋の予約で大変な間違いをした。
2. クリスは何を誤解していましたか。
   - ○ (A) 彼はマリッサがホテルの宿泊客だと思っていた。
   - (B) 彼は今朝、会議があると思っていた。
   - (C) 彼はジャケットを失くしたと思っていた。
   - (D) 彼はできるだけ早く立ち去らなくてはならないと思っていた。
3. クリスとキャロラインの関係はおそらく何ですか。
   - (A) 兄と妹
   - (B) 教師と学生
   - (C) 職場の同僚
   - ○ (D) 知り合い
4. マリッサは何者ですか。
   - (A) 常連客
   - (B) クリスの奥さん
   - ○ (C) メイド
   - (D) クラーク
5. クリスはなぜ、「これ本当なの」と言ったのですか。
   - (A) 彼は良い知らせを聞いて幸せだったから。
   - ○ (B) 彼はキャロラインの言ったことを信じられなかったから。
   - (C) 彼のパスポートの有効期限が切れたから。
   - (D) 彼の提案が受け入れられたから。
6. クリスの感情について推測できることは何ですか。
   - (A) 彼はイライラしている。
   - (B) 彼はリラックスしている。
   - (C) 彼は喜んでいる。
   - ○ (D) 彼は困惑している。

リーディング演習（訳例）

　マリッサ・ベンチュラは、ニューヨークの街中で生まれ育ったシングルマザーです。彼女は超一流のマンハッタンにあるホテルでメイドとして働いています。いくつかの幸運と誤りが重なり、マリッサはハンサムな政界のサラブレッドであるクリストファー・マーシャルと出会います。彼は、マリッサを自分と同様にホテルの宿泊客だと信じ込みます。この偶然の出会いはより意味のある方向に二人を導いてゆきます。しかし、クリストファーが真実を知ったら、一生懸命に働いて得た全てを失うのではないかとマリッサは恐れていました。マリッサの本当の身分が明かされたとき、2人は別々の世界にいることに気が付きます。たとえ彼らの間の実際の距離が、ちょうどマンハッタンとブロンクス間の短いニューヨークの地下鉄程であるとしても。

7. マリッサについて、本当のことを述べているのはどれですか。

- (A) マリッサはごく幼い頃に、ニューヨークに移住した。
- ○ (B) マリッサはホテルの宿泊客ではない。
- (C) マリッサは、彼女のために働くメイドを大勢抱えている。
- (D) マリッサはクリストファーの秘密について心配している。
8. この文章からわかることは何ですか。
   - (A) クリストファーはホテルの所有者である。
   - (B) クリストファーはホテルで働いている。
   - (C) クリストファーとマリッサは似通った経歴を持っている。
   - ○ (D) クリストファーはホテルに宿泊している。

文法・ボキャブラリーチェック

9. Wait I'm not sure. What is going on?
   待ってくれ、よくわからない。何が起こっているんだい？
10. I'm terribly sorry to interrupt your busy morning.
    慌ただしい朝にお邪魔して本当にごめんなさい。
11. You should know about this as soon as possible.
    できるだけ早くこのことを知るべきです。
12. The police know him well as he often steals cars.
    彼はよく車両を盗むので、警察は彼をよく知っている。
13. In fact, he made a decision a few moments ago.
    実のところ、彼はほんの少し前に決断をした。
14. The account is long overdue.
    その口座はずっと前に期限が切れている。
15. It's a great honor to serve such wonderful guests.
    そのような素晴らしいお客様にお仕えでき大変光栄です。
16. Don't tell me that they fired you over this small mistake.
    こんな小さな誤りで彼らはあなたを解雇したなんて言わないでね。
17. I think you'll make a wonderful manager someday.
    君はいつかきっと素晴らしいマネージャーになると思うよ。
18. To serve people takes dignity and intelligence.
    人々にお仕えするには、威厳と知性が必要である。
19. Lionel said, "What defines us is how well we rise after falling."
    ライオネルは、「我々の価値を決めるのは、失敗からどのようにうまく立ち直るかだ」と言った。
20. The woman you thought was a guest is the maid on this floor.
    あなたが宿泊客と思っていた女性はこの階のメイドなのよ。
21. The distance is a subway ride between Manhattan and the Bronx.
    距離は、マンハッタンとブロンクスの間の地下鉄に乗ったくらいです。
22. I was born and bred in the boroughs of New York City.
    私はニューヨーク市の街中で生まれ育ちました。

第３章　ウォール街

ANSWER KEY

1. A　　2. C　　3. D　　4. A　　5. C　　6. B　　7. C　　8. D　　9. A　　10. C
11. A　　12. D　　13. B　　14. A　　15. B　　16. C　　17. B　　18. A　　19. B　　20. D　　21. A

リスニング演習（訳例）

1. この状況について何か推測されますか。
   (A) 彼らはお互いに意見が対立している。
   (B) 彼らは一緒に働いている。
   (C) 彼らは旧友である。
   (D) 彼らは上司と部下である。
2. ゲッコーの演説から言えることは何ですか。
   (A) 副社長たちは、とても優秀である。
   (B) 副社長たちは、数が少ない。
   (C) 副社長たちは、非効率的である。
   (D) 副社長たちは、除外の対象になってきた。
3. ゲッコーは米国企業についてどのように言っていますか。
   (A) 米国企業はうまくいっている。
   (B) 米国企業は何もしていない。
   (C) 米国企業は物事を効率的に進めている。
   (D) 米国企業はうまくいっていない。
4. テルダー製紙では何が起こりましたか。
   (A) 多くのお金を失った。
   (B) 250 百万ドル稼いだ。
   (C) 120 億ドルの税引前利益を得た。
   (D) 120 億ドルを副社長たちに支払った。
5. 聴衆はおそらく誰ですか。
   (A) ゲッコーの家族
   (B) 取締役会
   (C) 株主たち
   (D) 利害関係者たち

リーディング演習（訳例）

　私は企業の壊し屋ではありません！解放者なんです！皆さん、肝心な事は、…適切な言葉ではないかもしれませんが…「欲」は善なのです。「欲」は正しいのです。「欲」は機能します。「欲」は物事を明確にし、進取の気概を掻き立てます。「欲」には色々な形があります。生命欲、金銭欲、愛欲、知識欲は人類の発展をもたらしました。欲は…よく聞いておいてください…欲はデルダー製紙のみならず、アメリカという機能不全の大会社をも救うことになるでしょう。有難うございました。

6. ゲッコーの演説の主な目的な何ですか。
   (A) その会社の所有者になろうとしているため。
   (B) なぜ欲が人々を救うのかを説明するため。
   (C) 株主の欲について警告するため。
   (D) 欲は通常、失敗を招くことということを言うため。
7. 3 行目の "works" と意味的に最も近い単語は？
   (A) 頻繁に与える
   (B) 寛大に取得する
   (C) 効果的に機能する
   (D) 素早く動く
8. どのような種類の欲がこの演説では言及されていま

せんか。
   (A) 生活するため
   (B) 愛するため
   (C) 知識を得るため
   (D) 宝飾品を得るため

文法・ボキャブラリーチェック

9. I would really appreciate it if you could attend the board meeting.
   もしも役員会にご出席いただければとても有難いです。
10. My brother likes to indulge in reading books.
   私の兄は読書に没頭するのが好きである。
11. It is clear that the CEO has accountability to stockholders.
   最高経営責任者が、株主たちに説明責任を持つのは明らかである。
12. He got upset since his money was at stake.
   彼は自分のお金が危うくなって狼狽した。
13. Corporate executives use golden parachutes to protect themselves.
   企業の役員らは、保身のためにゴールデンパラシュートを使用する。
14. Please clarify your point when you speak to others.
   他人に話をするとき、自分の要点を明確にしてください。
15. Greed is right.
   欲は正しい。
16. Darwin talked about survival of the fittest in his evolution theory.
   ダーウィンは彼の進化論の中で適者生存について述べた。
17. I could see all the paperwork going back and forth.
   全ての書類が行ったり来たりするのを見ることができました。
18. In my book, they are out of line!
   私の意見では、彼らはルール違反です。
19. Please let me know if you either place an order again, or cancel it.
   再注文されるか、キャンセルされるかお知らせください。
20. I suspect that he's been involved in the conspiracy.
   彼がその陰謀に関与しているのではないかと疑っています。
21. Greed will not only save our company, but other malfunctioning corporations.
   欲は、我社を救済するのみならず、機能不全に陥っている他社も救済することになるでしょう。

ANSWER KEY

1. C 2. C 3. C 4. D 5. A 6. B 7. B 8. D 9. D 10. C
11. B 12. D 13. A 14. D 15. D 16. D 17. C 18. D 19. C 20. A 21. A

リスニング演習（訳例）

1. トニーによると、ミッチによって何が盗まれたのですか。
   (A) 鍵
   (B) お金
   ○ (C) ファイル
   (D) クライアント
2. 盗まれたものはどこにあるのですか。
   (A) トニーの家
   (B) ミッチのかばん
   ○ (C) 以前あったのと同じ場所
   (D) 不明
3. ミッチが知るべき重要事項として彼が言及していないのは何ですか。
   (A) 彼らの資産
   (B) 行動
   ○ (C) 水増し請求
   (D) あらゆる種類の通貨
4. ミッチは何を準備していましたか。
   (A) コーヒー
   (B) コンピュータ
   (C) 携帯電話
   ○ (D) コピー
5. どのような場合のために準備したのは何ですか。
   ○ (A) 彼らが第三者に話さなければならない場合。
   (B) 彼らが警察から逃れなければならない場合。
   (C) 彼らがお金を貸さなければならない場合。
   (D) 彼らが新事業を立ち上げなければならない場合。
6. ミッチが言及していないお金の種類は何ですか。
   (A) ドル
   ○ (B) 円
   (C) ポンド
   (D) フラン

リーディング演習（訳例）

　ミッチ・マクディーアは、法律事務所で働く将来を嘱望された青年です。彼が司法試験を受けるにあたって、彼はその会社によって勧誘され、断れない申し出を受けます。彼に注がれるたくさんのお金と贈り物による勧誘に、彼は会社の持つ不吉な側面に全く気付きません。その後、2 人の同僚が殺され、FBI がミッチに接触して情報を求め、突然、彼の生活は破滅するはめになります。彼は、FBI に協力するか、それともその会社に留まるかという選択を迫られます。どちらの道にしても、今のような生活を失うことになります。ミッチは、唯一の解決策は彼自身の計画に従うことだと考えます。

7. Bar exam とは何ですか。
   (A) バーテンダーになるための試験
   ○ (B) 弁護士になるための試験

   (C) ロースクールに入学するための試験
   (D) 法律事務所で職を得るための試験
8. なぜミッチはこの会社を選択しましたか。
   (A) その会社の社長を個人的に知っていたから。
   (B) その会社に大勢の友人がいたから。
   (C) その会社の近くに彼の両親が暮らしていたから。
   ○ (D) その会社からの報酬と贈答品を心からありがたいと思ったから。
9. 4 行目の "oblivious" にもっとも近い意味を表すものはどれですか
   (A) よく知っている
   (B) 予期された
   (C) 失望した
   ○ (D) 気が付かずに
10. ミッチはこの後どんな行動を取ると考えられますか。
   (A) FBI に協力する。
   (B) その会社に留まる。
   ○ (C) 彼自身の道に進む。
   (D) その会社に留まりながら、FBI に協力する。

文法・ボキャブラリーチェック

11. Would you care to sit down?
    腰を掛けたらどうかね？
12. The firm has behaved in an unethical manner.
    会社は、非倫理的なやり方を取ってきていました。
13. He has been engaged in a conspiracy.
    彼は陰謀に関与してきています。
14. I'm afraid we have overbilled your company.
    遺憾ながら当社は貴社に水増し請求をしてきたようです。
15. Mitch is their attorney in this case.
    ミッチは本件における彼らの法定代理人です。
16. I'd like to mention this issue in our next meeting.
    次回の会議でこの案件について言及したいと思います。
17. I can't use your invoices without your written authorization.
    あなたの書面による委任状なしに請求書を使用することはできません。
18. Please tell me, what the fuck was this all about?
    いったいこの有様は何か教えてくれたまえ。
19. It is important for me to be familiar with your activities.
    貴社の活動を熟知していることが私にとって大切なのです。
20. We have to talk to a third party.
    我社は、第三者に話さなくてはなりません。
21. I had no idea about this fact.
    この事実については全く知りませんでした。

ANSWER KEY

1. C	2. D	3. C	4. A	5. B	6. A	7. A	8. A	9. B	10. C
11. A	12. A	13. D	14. A	15. C	16. D	17. C	18. B	19. A	20. C

リスニング演習（訳例）

1. フードチェーンはどのような組織として知られていますか。
   (A) ソーシャルメディア団体
   (B) 国際団体
   ○ (C) 称賛されている団体
   (D) 非営利団体
2. フードチェーンの良い所として述べられていないのはどれですか。
   (A) マネジャーが効率的。
   (B) 従業員の士気が高い。
   (C) 高い利益率を享受している。
   ○ (D) 市場のリーダーである。
3. データによると、会社の成長率は何パーセントですか。
   (A) 2%
   (B) 12%
   ○ (C) 20%
   (D) 80%
4. 株主資本利益率はどのくらいですか。
   ○ (A) 20% 後半
   (B) 20% 前半
   (C) 30% 後半
   (D) 30% 前半
5. 彼女の夜の睡眠を妨げている疑問は何でしたか。
   (A) なぜフードチェーンは市場で第一位なのか。
   ○ (B) なぜフードチェーンは市場でリーダーになれないのか。
   (C) なぜフードチェーンは急速に成長しているのか。
   (D) なぜフードチェーンはそれほどまでに素晴らしいのか。
6. J.C. はこの疑問に対する答えは何と認識したか。
   ○ (A) それは複雑ではない。
   (B) それはあまりにも馬鹿げている。
   (C) それは素晴らしい。
   (D) それは大変難しい。

リーディング演習（訳例）

　J.C. ワイアットは、ニューヨーク市で仕事において成功している女性です。J.C. は、仕事に対する姿勢から、「タイガー・レディー」として知られています。彼女は外国に住む親類から遺産を得るということを知り、彼女はそれがお金だろうと思います。しかし、J.C. はそれがお金ではなく、代わりに女の赤ちゃんであることを知るのです。J.C. に赤ちゃんを預けた女性が飛行機で立ち去ってしまうと、はじめ J.C. はこの小さな赤ん坊を欲しくはありませんでした。J.C. は迷惑な女の赤ちゃんのせいで身動きができなくなります。彼女の恋人は赤ちゃんと暮らすという考えから、まず、J.C. から去っていきました。J.C. は赤ちゃんを養子にする準備が整っている家族のもとへと連れていきます。しかし、J.C. が歩き去る間ずっと、赤ちゃんの泣き声が耳に入り、彼女は戻らざるをえませんでした。今や赤ちゃんは J.C. に懐くあまり、離れようとしません。その後、彼女の赤ちゃんのいたずらが原因で、彼女は解雇されることになります。そして、彼女はニューヨークでの生活から抜け出すために、バーモントにある古びた 2 階建て小屋に目をつけました。J.C. が到着すると、その家は当初考えていたより多くの修繕を必要としていました。彼女は雪の多いある日、退屈して、リンゴ・ソースを作ることに決めます。赤ちゃんはリンゴ・ソースを大変気に入り、J.C. はそれを販売することにしました。

7. なぜ J.C. ワイアットはタイガー・レディーと呼ばれていますか。
   ○ (A) とても積極的に仕事をするため。
   (B) 虎に似ているため。
   (C) デトロイト・タイガーを応援しているため。
   (D) 大量の肉を食べるため。
8. J.C. が赤ちゃんと会ったときの正しい記述はどれですか。
   ○ (A) 初めは、J.C. は赤ちゃんを受け入れたくなかった。
   (B) J.C. には子どもがいなかったから、幸せだった。
   (C) J.C. は多くのお金を稼いでいたため、お金より赤ちゃんを好んだ。
   (D) 赤ちゃんが女の子だったため、J.C. は受け入れを断った。
9. J.C. が赤ちゃんの世話を始めた後、何が起こりましたか。
   (A) J.C. はあまりにも多忙となりバーモントでのプロジェクトで働けなくなった。
   ○ (B) J.C. は徐々に赤ちゃんに愛情を抱き、手元におくようになった。
   (C) 赤ちゃんが予想されるより多くの世話を必要としたため、J.C. は動揺した。
   (D) 赤ちゃんの世話をしている間も J.C. はうまく仕事をこなしていた。

文法・ボキャブラリーチェック

10. I just graduated <u>from</u> Harvard University last May.
    私は 5 月にハーバード大学を卒業したばかりです。
11. My neighbor tried to <u>commit</u> suicide last week.
    私の隣人は、先週自殺を図った。
12. What <u>brought</u> you to New York?
    どうしてニューヨークに来られたのですか。
13. I suffered a nervous <u>breakdown</u>.
    精神衰弱に罹ってしまいました。
14. She <u>accused</u> me of trying to kill him.
    彼女は私が彼を殺害しようとしたと非難しました。
15. The Food Chain is one <u>hell</u> of an organization.
    フードチェーンはたいした組織の一つです。
16. Now that's the question that's been <u>keeping</u> me up at night.
    まさにそれが、私の夜の寝つきを悪くさせていた問題なのです。
17. Our firm's <u>equity</u> returns are in the high twenties.
    我社の株主 本利益率は 20% 台後半です。
18. Why isn't The Food Chain number one in the <u>marketplace</u>?
    なぜフードチェーンは、市場で第一位ではないのでしょうか。
19. Fighting over an <u>inheritance</u> is very common in our society.
    我々の社会で遺産を巡る争いはよくあることである。
20. She always told us that her new boss is really <u>annoying</u>.
    彼女は自分の上司は本当にうっとうしいとよく言っていた。

ANSWER KEY

1. D	2. C	3. A	4. D	5. D	6. C	7. C	8. D	9. C	10. D
11. C	12. A	13. B	14. C	15. B	16. D	17. C	18. B	19. D	20. C

リスニング演習（訳例）

1. ニックはロビンと何をしたいのですか。
   - (A) 彼を疲れたままにしたい
   - (B) 彼を病んだままにしたい
   - (C) 彼に興味を持ち続けて欲しい
   - ○ (D) 彼に生き続けて欲しい
2. ニックによれば、ロビン・ウィリガーが死ぬことを望んでいるのは誰ですか。
   - (A) 世界
   - (B) ニック
   - ○ (C) ロン・グット
   - (D) ジョーン
3. ロビンのような人々が死ぬと何が起こるとニックは言っていますか。
   - ○ (A) 予算が増える。
   - (B) 交通量が増える。
   - (C) 悲惨さが増す。
   - (D) 喫煙者が増える。
4. ニックが始めようとしているキャンペーンの規模は？
   - (A) 1万5千ドル
   - (B) 5万ドル
   - (C) 1千5百万ドル
   - ○ (D) 5千万ドル
5. ニックにとって、もっとも大切なことは何ですか。
   - (A) 米国の将来
   - (B) 世界の子どもたち
   - (C) 世界の未来
   - ○ (D) 米国の子どもたち
6. 場面の終わりに何が起こりますか。
   - (A) ジョーンがさらに情報を求める。
   - (B) ニックが新製品を紹介する。
   - ○ (C) ジョーンがテレビCMを紹介する。
   - (D) ニックがもっと話す時間を求める。

リーディング演習（訳例）

　ニック・ネイラーは非常に才能ある話し手であり、彼を雇用するタバコ会社を守るために、どんな議論にも対応できます。ニックは、彼のクライアントであるタバコ産業を、どんな状況下においても慈善家または犠牲者であるように見せるために、ひねくれた論理を使用するこの仕事を大いに楽しんでいました。ニックの息子のジョーイは彼の母親と暮らしていますが、ニックの出張についていった際、ジョーイは父親について詳しく知る機会を得ます。ニックもまた、美しいリポーター、ヘザー・ハロウェイとの関係を築きます。彼らは親しくなり、ニックはヘザーに彼の仕事上の秘密を教えてしまいますが、ヘザーはこれらの秘密を公開してニックを裏切ります。そして、ニックの人生は急転直下します。それからニックは、かつて彼にとってとても大切だったすべてを見直すことにします。

7. 2行目の "revel in" にもっとも近い意味を表すものはどれですか。
   - (A) 〜で働く
   - (B) 憎む
   - ○ (C) 楽しむ
   - (D) 〜が得意で
8. ニックの仕事はどのように述べられていますか。
   - (A) タバコ産業の被害者の救済
   - (B) 慈善家を助ける弁護士
   - (C) タバコ会社を弁護するリポーター
   - ○ (D) タバコ産業が良いイメージを保持するお手伝い
9. ニックにとって、最終的に全てが変わってしまうのはなぜですか？
   - (A) ニックは彼の仕事を解雇されたため。
   - (B) ニックの息子がニックの信頼を裏切ったため。
   - ○ (C) リポーターがニックを裏切ったため。
   - (D) ニックの妻の秘密がニックにショックを与えたため。

文法・ボキャブラリーチェック

10. Why did you <u>tell</u> him your secret?
    なぜ彼に秘密を話したのですか。
11. You're <u>too</u> young to understand everything.
    あなたは若すぎて全てを理解することができない。
12. I think he has dependency <u>issues</u>.
    彼には依存症があると思う。
13. It was all just <u>a matter of time</u> before you threw it all away.
    君が人生を棒に振るのは、時間の問題だった。
14. Well, that's one <u>theory</u>.
    うーん、それは一説だ。
15. Why are you hiding <u>from</u> everyone?
    何でみんなから隠れているの？
16. It has something to do with being <u>generally</u> hated right now.
    今、誰からも恨まれていることにいくらか関連している。
17. It's more <u>complicated</u> than that.
    事態はもっと複雑である。
18. You shouldn't <u>feel so sorry</u> for yourself just because you failed the test.
    テストに失敗したくらいで、がっかりすべきじゃない。
19. If you want an easy job, <u>go work</u> for the Red Cross.
    楽な仕事がしたいなら、赤十字で働きなさい。
20. You're the <u>best</u> at what you do.
    君は、君が選んだ道において一番だ。

第 7 章　アイ・アム・サム

ANSWER KEY

| 1. C | 2. A | 3. B | 4. A | 5. B | 6. D | 7. A | 8. D | 9. A | 10. D |
| 11. D | 12. D | 13. B | 14. D | 15. B | 16. C | 17. C | 18. A | 19. A | 20. D |

リスニング演習（訳例）

1. サムは誰と会話していますか。
   (A) アニー
   (B) ジョージ
   ○ (C) 彼の弁護士
   (D) ピザハットの店長
2. サムが良いことと考えているのは何ですか。
   ○ (A) ピザハットの店長が、証言してくれる。
   (B) ピザハットが開店している。
   (C) ピザが安くなっている。
   (D) ピザが美味しい。
3. 誰がサムにジョージについて話しましたか。
   (A) リタ
   ○ (B) アニー
   (C) ハリソン氏
   (D) 彼の息子
4. ジョージができなかったと言われていたことは何ですか。
   ○ (A) 歌を書くこと
   (B) 証言すること
   (C) 歌うこと
   (D) ギターを弾くこと
5. アビイ・ロードのどの歌をアニーは好きですか。
   (A) Polythene Pam
   ○ (B) Here Comes The Sun
   (C) Golden Slumbers
   (D) Her Majesty
6. リタが一番好きなビートルズのメンバーは誰ですか。
   (A) ジョン・レノン
   (B) ポール・マッカートニー
   (C) リンゴ・スター
   ○ (D) ジョージ・ハリスン

リーディング演習（訳例）

　サム・ドーソンは、7歳の知能しか持っていない。彼はスターバックスで働いており、ビートルズに熱中している。彼はホームレスの女性との間に娘を一人もうけるが、彼女は彼らが病院を離れるやいなや、サムと娘を見捨てる。彼は娘をビートルズの曲名にちなんでルーシー・ダイヤモンドと名付ける。そして娘を自分自身で育てることにした。しかし彼女が7歳になるにつれて、ルーシーは自分の父親よりも頭がよく見えることを避けるために本当の能力を示さないようになり、サムの知能に限界があることが、学校で問題になり始める。当局は、彼女を連れ出し、サムは高額で冷淡な弁護士リタ・ハリソンを雇い、彼の訴訟を無料奉仕として引き受けてもらう。この間、彼は彼女に愛と家族の価値について、多くを教える。

7. ビートルズについて示されていることは何ですか。
   ○ (A) サムはビートルズに熱中している。

(B) サムはビートルズの歌が好きではない。
(C) サムはビートルズの店で働いている。
(D) サムはビートルズのツアーに参加した。
8. 1行目の "capacity" にもっとも意味の近いものはどれですか。
   (A) 遅れ
   (B) 証拠
   (C) 病気
   ○ (D) 能力
9. なぜ当局はサムからルーシーを取り上げようとするのですか。
   ○ (A) サムはルーシーを育てるのが困難であるため。
   (B) リタがルーシーの新しい親になれるため。
   (C) サムはスターバックスでの仕事でとても忙しいため。
   (D) サムは当局から多大な補償金を要求したため。
10. リタ・ハリソンについて正しいのはどれですか。
   (A) リタはサムのかつての同級生である。
   (B) リタは僅かな弁護士費用を受け入れた。
   (C) リタはサムとルーシーに無関心である。
   ○ (D) リタはサムを無償で助ける予定である。
11. この抜粋文が示すものは何ですか。
   (A) ルーシーはリタ・ハリソンと同じくらい賢い。
   (B) ルーシーは彼女の父親と同じくらい賢い。
   (C) ルーシーは彼女の父親ほど賢くない。
   ○ (D) ルーシーは彼女の父親より賢い。

文法・ボキャブラリーチェック

12. You deserve a fair trial.
   あなたは、正当な裁判を受ける権利がある。
13. It matters to me.
   私にとっては重要です。
14. The manager at the Pizza Hut's gonna testify.
   ピザハットの店長が証言する予定である。
15. A: Is the answer is D? B: Absolutely.
   A: 答えは D ですか。B: もちろんです。
16. You think what they think.
   君は彼らが思っていることを考えている。
17. I've gotten more out of this relationship than you.
   この関係で私はあなたより多くを得ている。
18. He is obsessed with The Beatles.
   彼はビートルズの虜になっている。
19. He named his daughter Lucy Diamond after The Beatles song.
   彼はビートルズの歌にちなんで自分の娘をルーシー・ダイヤモンドと名づけた。
20. Lucy is holding back to avoid looking smarter than her father.
   ルーシーは、自分の父親よりも賢く見えることを避けるために本当の能力を示していない。

第 8 章　逃亡者

ANSWER KEY

| 1. C | 2. D | 3. D | 4. A | 5. B | 6. A | 7. B | 8. D | 9. B | 10. A |
| 11. B | 12. A | 13. B | 14. D | 15. C | 16. B | 17. D | 18. C | 19. B | 20. A |

リスニング演習（訳例）

1. この会話はおそらくどこで行われていますか。
   - (A) 実験室
   - (B) アンの家
   - ○ (C) 病院
   - (D) 手術室

2. アンによるとキンブルは何を見ていたのですか。
   - (A) 患者のビデオ
   - (B) 患者の脳
   - (C) 患者の予定
   - ○ (D) 患者のレントゲン写真

3. キンブルによれば、彼の趣味は何ですか。
   - (A) 脳外科手術
   - (B) 部屋の掃除
   - (C) 患者と話すこと
   - ○ (D) レントゲン写真を見ること

4. アンは何を知りたいのですか。
   - ○ (A) 少年が外科手術に行った理由
   - (B) キンブルが少年を外科手術した理由
   - (C) 少年が自分のレントゲン写真を見た理由
   - (D) キンブルが自分のレントゲン写真を持っていた理由

5. キンブルは自分が何者であると言っていますか。
   - (A) 医者
   - ○ (B) 掃除夫
   - (C) 主夫
   - (D) 研究

6. アンは何を疑っていますか。
   - ○ (A) キンブルは彼が自称する人物ではない。
   - (B) 少年が数日前に死亡した。
   - (C) キンブルの趣味は、手術をすること。
   - (D) キンブルは真実を話している。

リーディング演習（訳例）

　非常に尊敬されるシカゴの外科医であるキンブル医師は、妻のヘレンが自宅で無残にも殺害されているのを発見します。警察はキンブルを見つけ、殺人容疑で告訴しました。その後、キンブルは正当な理由もなく裁判にかけられ、有罪判決を下され、死刑を宣告されました。しかしながら、刑務所へ搬送される途中、キンブルが乗った護送車が事故に遭いました。キンブルは逃亡し、現在も逃げ続けています。シカゴ出身のサミュエル・ジェラード連邦保安官補はキンブルの追跡を担当します。そうしている間に、キンブルは彼の妻を殺した真犯人を突き止め、そしてジェラードとそのチームもおびき寄せるため、独自に捜査を行います。

7. 4 行目の "convicted" にもっとも近い意味を表すものはどれですか。
   - (A) 彼の無実を確信していること
   - ○ (B) 刑事上の罪で有罪になること
   - (C) 真実を話すことを決心すること
   - (D) 何かをすることに疲れること

8. この文章から何が示されていますか。
   - (A) キンブルはサミュエル・ジェラード連邦保安官補によって逮捕される。
   - (B) キンブルは現在、刑務所にいる。
   - (C) キンブルは、彼の妻を実際に殺した真犯人を見つけるためにジェラード連邦保安官補と協力している。
   - ○ (D) キンブルは自由だが、連邦保安官補に捕まることを回避しなければならない。

9. キンブル医師に何が起こるはずでしたか。
   - (A) 捜査官として新しい仕事を始める。
   - ○ (B) 刑務所に行き、死刑となる。
   - (C) 護送車がどのように事故に遭ったのかを知る。
   - (D) ジェラード連邦保安官補のチームに参加する。

文法・ボキャブラリーチェック

10. I just did <u>what</u> I was told.
    自分は言われたことをしただけです。

11. A <u>janitor</u> is a person who cleans rooms.
    掃除夫は、部屋を清掃する人です。

12. Do you have a particular <u>interest</u> in this picture?
    この写真に特別なご関心でもおありですか。

13. I'm in charge of brain <u>surgery</u> for this hospital.
    私は、この病院で脳外科手術を担当している。

14. Do you know how the boy <u>ended</u> up dying?
    あの子がどうして死亡したのかご存じですか。

15. That's <u>bullshit</u>. I can't believe it.
    そんなのでたらめよ。私は信じることができないわ。

16. Did you see a man who was <u>disguised</u> as a doctor?
    医師に扮した男性を見ませんでしたか。

17. He took <u>off</u> down the hall.
    彼は廊下を走っていってしまった。

18. Do you know where the <u>emergency</u> exit is in this building?
    この建物内の非常口はどこかご存じですか。

19. It's <u>supposed</u> to rain this afternoon.
    午後、雨が降る予定です。

20. The ambulance arrived soon after the boy was hit by a car. So, his <u>life</u> was saved.
    少年が車にひかれた直後に救急車が到着しました。なので、彼は命拾いしました。

第 9 章　フィールド・オブ・ドリームス

ANSWER KEY

1. C	2. D	3. B	4. D	5. A	6. D	7. D	8. A	9. C	10. B
11. D	12. C	13. D	14. C	15. C	16. B	17. D	18. A	19. B	20. C

リスニング演習（訳例）

1. レイの職業はおそらく何でしょうか。
    (A) 農場の弁護士
    (B) 農場の銀行担当
 ○ (C) とうもろこし農家
    (D) 野原の造園家
2. レイと彼の家族に何があるでしょうか。
    (A) 彼らは多くのお金を失う。
    (B) 彼らはわずかだがお金を失う。
    (C) 彼らは多くのお金を稼ぐ。
 ○ (D) 彼らはお金を稼がないが、失うこともない。
3. 彼らは何に貯金を使ったのですか。
    (A) 農機具
 ○ (B) 野球場の建設
    (C) とうもろこしの栽培
    (D) 芝生を維持
4. カリンは父親に何を話していますか。
    (A) コーヒーのためにやってくる男がいる。
    (B) ドアを叩く男がいる。
    (C) とうもろこしを栽培する男が外にいる。
 ○ (D) 芝生に立っている男がいる。
5. アニーはレイに何を提案していますか。
 ○ (A) 男性に会うため外へ出る
    (B) コーヒーを入れに行く
    (C) 家の側面に行く
    (D) 男性のところに行ってとうもろこしを与える

リーディング演習（訳例）

　ある日、貧しさに苦しんでいるアイオワの農家、レイ・キンセラは、彼のコーン畑で、彼にこうささやく声を聴きます。"それを建てれば、彼は来る。"レイはこの不可解なお告げは、彼の農場に野球場を建設するよう要求するものだと強く感じました。彼の周囲の人はみな、彼は狂っていると思いました。しかし、レイは彼のコーン畑に野球場を完成させたのです。そのすぐ後に、1919年のワールドシリーズで八百長をしたことで捕まったシューレス・ジョー・ジャクソンと恥ずべき 7 人のシカゴ・ホワイト・ソックスの野球選手の幽霊たちがやってきて、レイの野球場でプレイします。声が聞こえ続けている間、レイはお告げの意味と彼の野球場の本当の目的を理解する手助けをしてもらうため、隠居している物書きを探し出します。

6. なぜレイは彼の農場に野球場を建設するのですか。

    (A) 余分のお金を創出するため
    (B) 彼の好きなスポーツの練習をするため
    (C) 彼の周囲を取り巻く全員が野球に熱中しているため。
 ○ (D) 野球場を作れという変なお告げを受けたため。
7. 文章によると正しいのはどれですか。
    (A) レイは使えるお金をたくさん持っている。
    (B) レイは決して野球場を完成させていない。
    (C) レイは 4 人の怒れる幽霊たちの訪問をうけている。
 ○ (D) レイは誰かにこのお告げを理解する手助けをしてほしがっている。
8. 7 行目の "throwing" にもっとも意味の近いものはどれですか。
 ○ (A) わざと負けること
    (B) 〜に現れること
    (C) 簡単に勝つこと
    (D) 〜で投球すること

文法・ボキャブラリーチェック

9. Do not <u>sell</u> this farm.
    この農場を売却するな。
10. You gotta <u>keep</u> the farm.
    農場を維持すべきだ。
11. I've <u>had</u> a very rough day.
    大変な日だったわ。
12. <u>Why don't you</u> go outside and leave us alone?
    外に出て我々だけを残してはいかがですか。
13. We're gonna <u>call it a day</u>.
    今日はこれで終わりにしましょう。
14. Hey, do you wanna <u>come</u> with us?
    へい、我々と一緒に来たいのかい？
15. You <u>mean</u> it?
    本気なの？
16. Hey, wait a <u>second</u>!
    へい、ちょっと待って！
17. Why him? I <u>built</u> this field.
    どうして彼なの？僕がこの球場を作ったんだぞ。
18. You wouldn't be here if it <u>weren't</u> for me.
    僕がいなければ、あなたはここにいないだろう。
19. <u>What</u> do you mean, I'm not invited?
    どういうことですか。私が誘われていない？
20. You guys are <u>guests</u> in my corn!
    あなたたちは僕のコーン畑に来たお客なんですよ。

ANSWER KEY

1. C	2. A	3. B	4. D	5. A	6. D	7. D	8. A	9. D	10. B
11. B	12. D	13. C	14. C	15. B	16. A	17. C	18. B	19. C	20. C

リスニング演習（訳例）

1. エリンは何を欲していますか。
   - (A) 恋人
   - (B) 電話をかけること
   - ○ (C) 仕事
   - (D) ある程度のお金
2. エドは、エリンに当初は何と言っていますか。
   - ○ (A) 彼は彼女を助けることができない。
   - (B) 彼は彼女を助ける予定だ。
   - (C) 彼は以前一度、彼女を助けた。
   - (D) 彼は将来彼女を助ける。
3. エリンは、過去 6 年間、何をしていましたか。
   - (A) 農場で働いていた
   - ○ (B) 家族の面倒を見ていた
   - (C) エドのために、働いていた
   - (D) 教師として、働いていた
4. エリンは自分自身についてどのように言っていますか。
   - (A) 彼女は飲み込みが早い。
   - (B) 彼女は素敵な笑顔を持つ。
   - (C) 彼女は早く文字を打つことができる。
   - ○ (D) 彼女は働き者である。
5. エリンはエドに何を提案していますか。
   - ○ (A) 彼女が不出来ならば、彼は彼女を解雇できる。
   - (B) 彼女が不出来ならば、彼は彼女の給与を減らすことができる。
   - (C) 彼は彼女にみっともない真似をさせることができる。
   - (D) 彼は無償で彼女を働かせることができる。
6. エドは、会話の終わりにエリンに何を提供しましたか。
   - (A) お金の袋
   - (B) 手当付きの仕事
   - (C) 健康を維持する手法
   - ○ (D) 手当なしの仕事

にとても大きな陰謀の発見に繋がる不可解な点を見つけます。そのことが、彼女がいる法律事務所にとって大きな訴訟問題へと発展していくのです。

7. なぜエリンは以前より自暴自棄になっているのですか。
   - (A) エリンは自身の事故で、ごくわずかな金額しか受け取ることができなかったため。
   - (B) エリンの夫もまた職がなかったため。
   - (C) エリンは弁護士としての職を失ったため。
   - ○ (D) エリンはまだ職もお金もなかったため。
8. 6 行目の "convince" に最も意味の近いものはどれですか。
   - ○ (A) 説得する
   - (B) 尋ねる
   - (C) ～について謝る
   - (D) ～に話しかける
9. 結局、エリンの身に何が起こりますか。
   - (A) エリンは小さな訴訟を起こす職を得る。
   - (B) エリンは法律事務所の清掃をする職を得る。
   - ○ (C) 弁護士は、エリンを弁護士として雇うことを決定する。
   - ○ (D) 弁護士は、エリンに事務職としての仕事を与えることを決める。

文法・ボキャブラリーチェック

リーディング演習（訳例）

　失業し、3 人の子どもをもつシングルマザーのエリン・ブロコビッチは、信号無視をしたドライバーが彼女の車にぶつかってきた交通事故によって怪我をしました。彼女は弁護士を雇い、彼女に怪我を負わせたドライバーから慰謝料を得ようと試みます。しかしながら、法廷でのエリンの悪いふるまいも一因となり敗訴してしまいます。一文無しで、そのうえ失業の身であるなか、エリンはこれまで以上に自暴自棄になり、彼女の弁護士に彼の法律事務所で働かせてもらうよう説得します。彼女の弁護士は、エリンを気の毒に思い、彼女に雑用仕事を与えます。彼女はちょっとした事務作業中、ある訴訟ファイルの中

10. If it doesn't <u>work out</u>, fire me.
    うまくいかなきゃ、私を解雇すればいい。
11. I'm sorry <u>about</u> that, I really am.
    その件については悪かったし、本当にすまない。
12. Please, don't make me <u>beg</u>.
    お願い、みっともない真似をさせないで。
13. I don't need pity. I need a <u>paycheck</u>.
    同情なんていらないわ。いるのは給料よ。
14. Oh, Erin, this isn't the way I <u>do business</u>.
    エリン、こういうのは私の仕事のやり方じゃないな。
15. I want a <u>raise</u>.
    給料を上げてほしいわ。
16. You didn't <u>happen</u> to make a copy, did you?
    まさかコピーをとったなんてことはないだろうな？
17. Well, could I have a <u>look</u> at it?
    じゃあ、ちょっと見せてもらえるかな？
18. We'll talk about <u>benefits</u> later.
    手当のことは後で話し合おう。
19. There are lots of other places I could get <u>work</u>.
    他所にも私を雇ってくれるところはたくさんある。
20. I'm smart, I'm <u>hardworking</u> and I'll do anything.
    私は頭はいいし、働き者だし、何でもする。

第 11 章　L.A. コンフィデンシャル

ANSWER KEY

1. B	2. D	3. A	4. C	5. B	6. C	7. D	8. B	9. A	10. D
11. C	12. D	13. A	14. C	15. A	16. A	17. B	18. A	19. C	20. D

リスニング演習（訳例）

1. エクスリーについて何と言われていますか。
   (A) 彼はプレーをしたい。
   ◡ (B) 彼は賢い。
   (C) 彼はとても率直である。
   (D) 彼は悪い警察官である。
2. その課題について誰が進めるよう指示しましたか。
   (A) エクスリー
   (B) ウェンデル
   (C) ダドレイ
   ○ (D) 署長
3. この会話からウェンデル（バド）について示唆されているのは何ですか。
   ○ (A) ダドレイはウェンデルの技能を認めている。
   (B) 彼は力仕事が得意でない。
   (C) 彼は上司によく質問をする。
   (D) ダドレイは、ウェンデルが政略家と思っている。
4. ダドレイはウェンデルの新しい仕事をどのように言っていますか。
   (A) 技術部で働く
   (B) 街の海辺で営業をする
   ○ (C) 市庁舎に勤務する
   (D) 重いケースを持ち上げる仕事をする
5. ウェンデルは、おそらく次に何をしますか。
   (A) 彼は自分の筋肉を鍛えるために運動する。
   ○ (B) 彼はダドレイの指示に従う。
   (C) 彼は政治的キャンペーンを始める。
   (D) 彼はいくつか質問をする。
6. 二人の話者はおそらくどのような関係ですか。
   (A) 署長と警察官
   (B) 政治家とレポーター
   ○ (C) 警察部長と警察官
   (D) 警察官と政治家

リーディング演習（訳例）

1950 年代のロサンゼルスが、警察の腐敗とハリウッドの不祥事に関するこの複雑なる話の舞台です。3 人のタイプの異なる警察官たちが、終夜営業の食堂にいた常連客がショットガンで殺された事件の裏にある真相を追います。おのおのの警察官が、独特のやり方をもっています。典型的な警察官のエド・エクスリーは、昇進するためならほとんどどんなことでもする覚悟です。バド・ホワイトは正義を貫くために規則を破ることをいとわず、自身の怒りを抑えることがほとんどできません。ジャック・ビンセンはいつも楽に稼げる金を求めていますが、やがて彼の道徳心は、L.A. の犯罪の暗黒界の背後にある衝撃的な真実を見つけるために、彼をエクスリーとホワイトに加勢させるのでした。

7. 抜粋文のなかに記述されていないものはどれですか。

(A) 警察官らは性格的に似ていない。
(B) 3 人の警察官はこの事例を捜査している。
(C) ホワイトは常に冷静なわけではない。
◡ (D) 彼らはみなハリウッドに住んでいる。

8. 3 行目の "after" に最も意味の近いものはどれですか。
(A) 〜の隣の
○ (B) 〜を探し求めて
(C) 背後の
(D) 〜にしたがって

9. ジャックはなぜエクスリーとホワイトに加勢しましたか。
○ (A) ジャックはそうすることが正しいことだと思うから。
(B) ジャックは楽をして手に入る金を求めているから。
(C) ジャックはそうすることを強いられたから。
(D) ジャックは自らの怒りを制御できないため。

文法・ボキャブラリーチェック

10. I'll promote you to lieutenant.
    君を警部補に昇進させよう。
11. Effective immediately.
    即執行だ。
12. Clean-cut, forthright men the public can admire.
    きちんとしていて、率直な人物を大衆は高く評価するだろう。
13. As a politician he exceeds even myself.
    政略家としては、彼は私よりも上だ。
14. A duty few men are fit for.
    こういった任務に向いている男はめったにいない。
15. I need you for an assignment the Chief's given me the go-ahead on.
    署長から任された新しい任務に君が必要なんだ。
16. His conscience drives him to join Exley and White to uncover the shocking truth.
    彼の道徳心が、衝撃的な真実を見つけるために、彼をエクスリーとホワイトに加勢するよう駆り立てる。
17. Ed Exley is willing to do almost anything to get ahead.
    エド・エクスリーは、昇進するためにほとんど何でもやる。
18. Bud White is ready to break the rules to seek justice.
    バド・ホワイトは正義を貫くために規則を破ることをいとわない。
19. Each cop is unique in his own way.
    おのおのの警官が、独特のやり方をもっています。
20. Los Angeles is the seedy setting for this complicated tale of police corruption and Hollywood sleaze.
    ロサンゼルスが、警察の腐敗とハリウッドの低俗さに関するこの複雑なる話の舞台です。

ANSWER KEY

1. B	2. D	3. C	4. A	5. B	6. C	7. D	8. A	9. D	10. C
11. A	12. D	13. C	14. D	15. A	16. A	17. D	18. B	19. D	20. C

リスニング演習（訳例）

1. ティンカーベルと呼ばれたのは誰ですか。
   (A) デューイ
   ○ (B) サマー
   (C) ダンハン先生
   (D) グリーン先生
2. デューイを歓迎するサマーの役職は何ですか。
   (A) ホレス・グリーンの住民
   (B) 代理教員
   (C) この学校の理事長
   ○ (D) クラス委員
3. サマーによると、ダンハン先生のクラスで決まってすることに含まれていないのは何ですか。
   (A) 語彙の学習
   (B) 抜き打ちテスト
   ○ (C) 作文の時間
   (D) 読書の時間
4. デューイが直面している問題は何ですか。
   ○ (A) 彼は体調が悪い。
   (B) 彼はとても神経質である。
   (C) 彼は教材を準備するのを忘れた。
   (D) ダンハン先生が予定を変更した。
5. デューイは何者ですか。
   (A) 患者
   ○ (B) 教員
   (C) 親
   (D) 学生
6. デューイは何をする時間と言っていますか。
   (A) 勉強の時間
   (B) 彼自身を紹介する時間
   ○ (C) 休憩時間
   (D) 歌う時間

リーディング演習（訳例）

　困窮しているギタリストのデューイ・フィンは、彼のロックバンドをクビになり、残された巨額の借金に意気消沈していました。デューイは運よく、厳格な私立学校で代行教師として 4 年生を受け持つ仕事を見つけます。そこでのデューイの教育法と態度は、生徒たちに強力な影響を与えます。デューイはまた、10 歳の天才ギタリストであるザックに出会います。ザックはデューイが地元のコンテスト "battle of the band " で優勝する手助けをします。このコンテストは、デューイの資金難を解消し、ふたたび音楽の世界でスポットライトを浴びるという彼の夢を後押しできるものです。

7. この文章が示すものは何ですか。
   (A) デューイは長い期間、私立学校で教鞭を執っている。
   (B) デューイはかつて音楽バンドの講師をしていた。
   (C) デューイは彼の生徒に全く影響を与えなかった。
   ○ (D) デューイはお金をとても必要としていた。
8. "gets fired" という表現に最も意味の近いものはどれですか。
   ○ (A) 辞めることを求められる
   (B) 意欲を得る
   (C) 突然辞める
   (D) リーダーになる
9. "Battle of the bands" というコンテストについて示唆されていることは何ですか。
   (A) 権威ある国内のロックイベントである。
   (B) 勝者はプロの音楽家として契約できる。
   (C) 名高い学校がスポンサーになっている。
   ○ (D) 勝者はいくらかの賞金を得られる。

文法・ボキャブラリーチェック

10. I want you all to be on your best behavior.
    みなさん、お行儀よく振る うように。
11. Thank you very much. You saved the day.
    どうもありがとうございました。とても助かりました。
12. Do you have any questions?
    何か質問はありますか。
13. Is there anything else you need?
    何か他に必要なものはありますか。
14. As a teacher, I only need minds for molding.
    教師として、必要なのは教育しようとする気持ちだけです。
15. I ate rotten fish and got the runs.
    腐った魚を食べて、下痢になった。
16. Why don't you ask Summer? She is our class factotum.
    サマーに聞いてみればいかがですか。彼女は私たちのクラス委員です。
17. Miss Dunham usually gives us a pop quiz.
    ダンハン先生はいつも私たちに抜き打ちテストをしています。
18. She split us up into our reading groups.
    彼女は私たちを読書グループに分けます。
19. I got a headache.
    頭痛がしていました。
20. It's time for recess. You can go out to play.
    休憩時間だ。外で遊んでいいよ。

ANSWER KEY

1. C	2. D	3. A	4. B	5. A	6. D	7. D	8. A	9. B	10. D
11. D	12. C	13. B	14. B	15. D	16. B	17. D	18. A	19. C	20. D

リスニング演習（訳例）

1. オダ・メイはモリーに何を求めていますか。
   - (A) 昼食を一緒にすること
   - (B) 彼女の手荷物を持つこと
   - ○ (C) 彼女を部屋に入れること
   - (D) 彼女の子どもたちの面倒をみること
2. モリーは、なぜ「警察に電話する」と言っているのですか。
   - (A) オダ・メイがサムを拉致しているから。
   - (B) オダ・メイの財布が何者かによって盗まれたから。
   - (C) オダ・メイが迷子になったから。
   - ○ (D) オダ・メイがモリーを一人にしないから。
3. オダ・メイによるとサムはなぜ死んだのですか。
   - ○ (A) 彼は殺害された。
   - (B) 彼は自殺した。
   - (C) 彼は事故で死んだ。
   - (D) 彼は病死した。
4. サムは死ぬ後で何を見つけたのですか。
   - (A) カールが、誰かを殺害した。
   - ○ (B) カールが、銀行でマネーロンダリングをしていた。
   - (C) カールが、警察に逮捕された。
   - (D) カールが、宝石を盗んだ。
5. オダ・メイはカールをどのように描写していますか。
   - ○ (A) 彼は危険である。
   - (B) 彼は汚い。
   - (C) 彼は一生懸命に働いている。
   - (D) 彼は深く物事を考える。
6. モリーは、なぜ危険な状態なのですか。
   - (A) 警察が彼女を逮捕するためにやってくる。
   - (B) 彼女は事故に遭うかもしれない。
   - (C) 彼女は銀行にある全てのお金を失った。
   - ○ (D) カールが彼女を殺害しようとしている。

7. サムとモリーの関係は何ですか。
   - (A) 長年連れ添った夫婦
   - (B) 兄弟
   - (C) 同じ銀行に勤める同僚
   - ○ (D) 互いに愛し合っている恋人同士
8. なぜサムはオダ・メイを必要としていますか。
   - ○ (A) モリーと話をするため
   - (B) 現世に生き残るため
   - (C) 正真正銘の幽霊になるため
   - (D) モリーにお金を与えるため
9. 文章によると、オダ・メイ・ブラウンに関して正しいものはどれですか。
   - (A) 彼女はかねてから自分が特殊な力を持っていると知っていた。
   - ○ (B) 彼女は自身が特殊な力を持っていることを知らなかった。
   - (C) 彼女は特殊な仕事をためにサムによって雇用された。
   - (D) 彼女は彼女の仕事が原因でモリーに解雇された。

文法・ボキャブラリーチェック

10. I know what you think of me, but I need to explain myself to you.
    私のことをどう思っているかは分かっている。でもあなたに私自身のことを説明する必要があるの。
11. Get the hell out of here.
    いいかげん帰って。
12. You are in serious danger.
    あなたはとても危険な状態にいる。
13. I'm telling you, everything he did was bad.
    いいこと、彼のやった全てが悪事だったのよ。
14. Don't you get it? It's real.
    まだわからないの？本当なのよ。
15. Sam was not just accidentally killed.
    サムは事故で死んだんじゃない。
16. He was murdered by a stranger.
    彼は、知らない人に殺害された。
17. Carl was laundering money at the bank.
    カールは銀行でマネーロンダリングをしていた。
18. You are in deep trouble.
    あなたは危険極まりない状況なのよ。
19. I feel you with all my heart.
    全身で君を感じている。
20. I'd give anything if I could just touch you once more.
    もう一度君に触れられるなら何でもするのに。

リーディング演習（訳例）

　サムとモリーは互いに深く愛し合っている若く幸せな恋人同士です。劇場へ行った夜、彼らの新しいアパートに歩いて向かう帰宅途中、暗い路地で強盗に出くわし、サムは殺害されます。サムは自分自身が幽霊になっていることに気付き、自身の死が事故によるものではないことを知ります。サムは、モリーもまた危険な状況にあることを彼女に警告しなければなりません。しかしながら、幽霊である彼は生きている人に対して姿を見せることも声を聴かせることもできません。そこでサムは、自分の力が本物であると悟っていない偽霊師であるオダ・メイ・ブラウンを介してモリーへの意思疎通を図ろうとします。

ANSWER KEY

1. D	2. A	3. B	4. B	5. C	6. C	7. A	8. D	9. C	10. C
11. A	12. D	13. C	14. A	15. B	16. B	17. C	18. D	19. C	20. B

リスニング演習（訳例）

1. ジュノは何をしていますか。
   (A) 彼女はアイススケートをしている。
   (B) 彼女は彼氏とデートをしている。
   (C) 彼女はよちよち歩きの幼児をみている。
   ○ (D) 彼女は父親と話をしている。
2. ブレンとリバティ・ベルはどこにいますか。
   ○ (A) アイススケートの教室
   (B) 図書館
   (C) 自由の女神
   (D) レストラン
3. マックは "What's eating you?" で何を意味していますか。
   (A) 何をしていたのか。
   ○ (B) 何を悩んでいるのか。
   (C) 何をしているのか。
   (D) どんな食べ物が好きなのか。
4. ジュノとマックはどのような関係ですか。
   (A) 彼らは兄と妹である。
   ○ (B) 彼らは父親と娘である。
   (C) 彼らは上司と部下である。
   (D) 彼らは叔父と姪である。
5. ジュノは何を心配していますか。
   (A) 彼女は食べ終えることができない。
   (B) 彼女は面目を失っている。
   ○ (C) 彼女は愛について深く考えている。
   (D) 彼女は小さなネズミを見た。
6. マックはジュノについて何を示唆していますか。
   (A) 彼女の状況はあまりにも混乱している。
   (B) 彼女は幸せな恋愛をしている。
   ○ (C) 彼女は男子との間に問題を抱えている。
   (D) 彼女はより正直かつ親切になっている。

リーディング演習（訳例）

　ジュノの物語は秋から始まり、4つの季節をまたぎます。ミネソタの小さな町に住む一風変わった16歳の高校生2年生、ジュノは自分が妊娠しており、子どもの父親は親友のブレーカーであることに気付きます。ジュノはあらゆる選択肢に悩み苦しみ、診療所の待合室で、出産して養子として受け入れてくれる夫婦に子どもを託すことを決心します。彼女は、個人広告にて完璧な夫婦を見つけると彼らに連絡を取り、彼女の父と継母に報告し、学業を続けます。選択した夫婦は裕福なヤッピーでした。夫はかっこよく落ち着いており、ジュノととてもうまく付き合います。妻は正反対に、几帳面で神経質です。彼らは、お役所仕事をこなすため、何度もジュノと会いました。養子縁組とブレーカーとのジュノの関係は、ジュノの計画通りになるでしょうか。はたまた、彼女はより困難かつ予想外の意思決定をしなければならなくなるのでしょうか。

7. この話の期間はどれくらいですか。
   ○ (A) 1年
   (B) 4年
   (C) 秋の期間中
   (D) 16年
8. ジュノに何が起きましたか。
   (A) ジュノはレスリングを始めることにする。
   (B) ジュノは診療所で働き始める。
   (C) ジュノの父が彼女の親友になる。
   ○ (D) ジュノは妊娠しているに気が付く。
9. ジュノは何を計画していますか。
   (A) 彼女が自ら子どもを育てる。
   (B) 彼女は妊娠中絶を行う。
   ○ (C) 彼女は赤ちゃんを養子縁組に出す。
   (D) 彼女は学校を退学する。

文法・ボキャブラリーチェック

10. Can you narrow that down for me?
    もっとわかりやすく話してくれないか。
11. I just wonder if two people can stay together for good.
    二人の人間がずっと一緒にいることってできるのかなって。
12. I don't really much approve of you dating in your condition.
    お前の状態で彼氏を作るのは俺は賛成できないな。
13. What's eating you?
    何を悩んでいるのですか。
14. A traditional closed adoption would be best for all involved.
    伝統的な非公開の養子縁組が関係者の皆様にとってベストです。
15. Are you looking for any other type of compensation?
    他に何か補償をお望みですか。
16. I'm in high school.
    私は高校生です。
17. The chosen parents are well-to-do yuppies.
    選定された両親は、裕福なヤッピーです。
18. They meet Juno many times to go through all the red tape.
    彼らは、お役所仕事をこなすため、何度もジュノと会いました。
19. Juno has to make more difficult, unexpected decisions.
    ジュノはより困難かつ予想外の意思決定をしなければならない。
20. Juno's relationship with Bleeker works out like Juno planned.
    ジュノとブレーカーの関係はジュノの思い通りになる。

ANSWER KEY

1. D	2. C	3. C	4. A	5. C	6. A	7. C	8. C	9. D	10. C
11. D	12. B	13. B	14. A	15. C	16. C	17. C	18. A	19. D	20. A

リスニング演習（訳例）

1. 米国で大きいものとして言及されていないのは何ですか。
   - (A) 企業
   - (B) 食べ物
   - (C) 人々
   - ○ (D) 飲料のサイズ
2. どのくらいたくさんの米国人が太り過ぎまたは肥満ですか。
   - (A) 6 千万
   - (B) 1 千 6 百万
   - ○ (C) 1 億
   - (D) 1 千万
3. 1980 年以来、肥満の米国人の数はどうなっていますか。
   - (A) わずかに減少した
   - (B) わずかに上昇した
   - ○ (C) 倍増した
   - (D) 3 倍になった
4. 米国で一番の肥満州はどこですか。
   - ○ (A) ミシシッピ
   - (B) ニューヨーク
   - (C) インディアナ
   - (D) ウエストバージニア
5. 米国における肥満の理由として何が示されていますか。
   - (A) 毎日料理をする
   - (B) 台所で長い時間を過ごす
   - ○ (C) あまりにも多く外食する
   - (D) 財布に有り余るお金がある
6. 米国で予防可能な死因の 2 番目は何ですか。
   - ○ (A) 肥満
   - (B) 喫煙
   - (C) 肥満で喫煙
   - (D) 運転中の喫煙

リーディング演習（訳例）

　ドキュメンタリー映画の制作者であるモーガン・スパーロックは、ファストフード産業について、自らが実験的に従事しドキュメンタリーを制作します。厳密に一か月間連続で、一日三食マクドナルドのファストフードを食べることにより、スパーロックはファストフードの大量摂取による身体的・精神的影響を証明しようと試みます。また、スパーロックは一か月の実験の間、一般人や健康推進者の視点から見る学校、企業、そして、政治を通してアメリカにおけるファストフード文化についての見解を示します。このドキュメンタリー映画はアメリカ最大の健康問題の 1 つになった肥満について、新しい光を投じています。

7. 2 行目の "rigorously" に最も意味の近いものはどれですか。
   - (A) 楽しく
   - (B) 急いで
   - ○ (C) 徹底的に
   - (D) 高価な
8. スパーロックの「一か月ファストフード生活の実験」の目的は何ですか。
   - (A) ファストフードにかかる財政的コストを知るため
   - (B) 彼がどれだけの量を食べられるか知るため
   - ○ (C) 大量のファストフードが彼の体に与える影響を知るため
   - (D) もっとも美味しいファストフードレストランを知るため
9. ファストフード文化の側面として見られていないのはどれですか。
   - (A) 学校における影響
   - ○ (B) 健康を促進する人々の見解
   - (C) 企業の介入
   - (D) 肥満児をもつ親の見解

文法・ボキャブラリーチェック

10. Do you eat fast food?
    ファストフードを食べることはありますか。
11. I eat fast food once in a while.
    ときどきファストフードを食べます。
12. How often do you eat fast food?
    どのくらいの頻度でファストフードを食べますか。
13. I would say probably every day.
    ほとんど毎日かなあ。
14. I prefer the fast food in France.
    フランスのファストフードが好みです。
15. It doesn't sound very clean.
    あまり清潔そうに聞こえません。
16. What's your favorite place?
    どの場所がお好きですか。
17. I like Taco Bell the most, but McDonald's is pretty close.
    タコベルが好きですね。マクドナルドもほぼ同じくらいかな。
18. Do you ever have super-size Cokes?
    スーパーサイズのコーラを飲んだことがありますか。
19. In America, the drink sizes are much bigger.
    米国では、ドリンクサイズがもっと大きい。
20. Even the small size here, I can't drink.
    ここの S サイズさえ、私は飲めません。

ANSWER KEY

1. C	2. D	3. D	4. B	5. B	6. B	7. D	8. D	9. A	10. C
11. A	12. B	13. A	14. A	15. C	16. D	17. B	18. C	19. C	20. A

リスニング演習（訳例）

1. ハーヴィーが遅れた理由はなぜですか。
   (A) 彼は階段を使用しなければならなかった。
   (B) 彼はバスに乗車した。
   ○ (C) 彼は理由を言っていない。
   (D) 彼の車は後ろに下がっていった。
2. ハーヴィーはなぜコインを使用したいのですか。
   (A) レイチェルとデートしたいため
   (B) 自分の父親に渡したいため
   (C) いくつかの下着を買うため
   ○ (D) 誰が始めるか決めるため
3. ハーヴィーは何を示唆していますか。
   (A) 彼は常に幸運である。
   (B) 彼はチャンスをつかみたい。
   (C) 彼は、とても運が悪い。
   ○ (D) 彼は、彼の運を創りたい。
4. ハーヴィーは、後で何をするかもしれませんか。
   (A) お茶をするため、サリーと会う
   ○ (B) 市長とゴルフをする
   (C) 地方検事と会う
   (D) 夕食のためレイチェルと会う
5. フリールはおそらく何者ですか。
   (A) 弁護士
   ○ (B) 裁判官
   (C) 犯罪者
   (D) 地方検事
6. "fair is fair" という表現は何を意味していますか。
   (A) 物事を自由にしよう。
   ○ (B) 物事を公平にしよう。
   (C) 全てが不公平であると思う。
   (D) 全てが楽しいと思う。

7. ジョーカーについて正しくないものはどれですか。
   (A) 彼は他の身分を持っていない。
   (B) 彼はゴッサムで大混乱を起こしたい。
   (C) 彼はバットマンとハーヴィー・デントの両者を標的としている。
   ○ (D) 彼はゴッサムの天才的犯罪者を引きずり降ろしたい。
8. ゴッサムの状況について示唆されているものは何ですか？
   (A) バットマンは何にも関与していない。
   (B) ゴッサムの人々はデントよりバットマンが好きである。
   (C) ジョーカーによる襲撃は深刻なものではない。
   ○ (D) バットマンはゴッサムにおけるすべての犯罪をなくすことはできなかった。
9. 5行目の "iron fist" に最も意味の近いものはどれですか。
   ○ (A) 強い支配
   (B) 優れた防御
   (C) 価値のある地位
   (D) 巧みな戦略

文法・ボキャブラリーチェック

10. What do you <u>propose</u> we do about the problem?
    その問題に関する君の提案は？
11. Why haven't you done it <u>already</u>?
    何でまだやってないのか。
12. <u>If</u> you're good at something, never do it for free.
    得意なことは、絶対にタダじゃやらないもんだぜ。
13. If we don't <u>deal</u> with this soon, it will be a problem.
    これをすぐにまとめておかないと、問題になる。
14. You won't be <u>able</u> to do that, I'm going to stop you!
    君はそれをできなくなる。私が君を止めよう。
15. I've had <u>enough</u> from you. Go away!
    もうたくさんだ。うせろ。
16. Let's not <u>blow</u> this out of proportion.
    過剰に反応するのはやめておこう。
17. You think you can do this and <u>just</u> walk away?
    これをやってさっさと立ち去れると思っているのか？
18. I'm putting the <u>word</u> out. Soon everyone will know.
    知らせをだしてやるぜ。すぐに皆が知るようになる。
19. <u>Why</u> don't you give me a call?
    電話をくれないか。
20. We need to <u>take</u> things a little more seriously.
    もう少し真剣に物事をとらえる必要がある。

リーディング演習（訳例）

　ゴッサムの新しい地方検事が選出されました。彼の名はハーヴィー・デントです。ハーヴィーは、バットマンには決して成し遂げられなかったゴッサムにおける組織犯罪を最終的に根絶するための過激で新しい案を持っていました。ジョーカーとしてだけ知られている新しい天才的犯罪者が現れ、彼はハーヴィー・デントの管轄のもとからゴッサムを強奪することを望んでいます。ジョーカーは、ゴッサム市とその市民に対する一連の恐ろしく戦略的な攻撃を実行します。市民をパニック状態にする一方、デントとバットマンを慎重に標的として狙います。ジョーカーを止めなければなりません。では一体誰が彼を止めるでしょうか？それはごろつきの英雄バットマンでしょうか。はたまた、正式に街の新しいヒーローとして選出されたハーヴィー・デントでしょうか。

第 17 章　プラダを着た悪魔

ANSWER KEY

1. C	2. A	3. B	4. C	5. A	6. A	7. C	8. D	9. B	10. C
11. B	12. D	13. A	14. D	15. B	16. A	17. C	18. D	19. B	20. A

リスニング演習（訳例）

1. アンディが応募している仕事は何ですか。
   (A) 人事
   (D) ミランダの第一秘書
   ○ (C) ミランダの第二秘書
   (D) エミリーのアシスタント
2. 職場について示唆されていることは何ですか。
   ○ (A) 勤務するのが困難な場所
   (B) 楽しくてユーモアがたくさんある場所
   (C) 昇進が容易である。
   (D) 多くの休暇がある。
3. ミランダは誰ですか。
   (A) エミリーの第一秘書
   ○ (B) 雑誌の編集者
   (C) 主任客室乗務員
   (D) 影響力のあるビジネスウーマン
4. ミランダについて何と言われていますか。
   (A) 彼女はユーモアのセンスが優れている。
   (B) 多くの人々が彼女を殺害したがっている。
   ○ (C) 彼女はビジネス界で伝説的存在である。
   (D) 彼女はとても親切である。
5. アンディはその仕事の機会についてどのように考えていますか。
   ○ (A) 彼女は興味があり、採用されることを希望している。
   (B) 彼女は興味がなく、採用されることを望んでいない。
   (C) 彼女は採用される自信がない。
   (D) 彼女は採用されることを心配している。
6. アンディについて何が示唆されていますか。
   ○ (A) 彼女はあまりファッショナブルではない。
   (B) 彼女はとてもファッショナブルである。
   (C) 彼女の髪型はユニークである。
   (D) 彼女の髪型はファッショナブルである。

リーディング演習（訳例）

　この物語は、若き大卒のアンディ・サックスが仕事に挑む過程を描きます。彼女の大きな夢は、文章力を世に示しジャーナリストになることです。生活費を稼ぐために、アンディは業界で最も影響力のある出版物の１つであるランウェイ誌で、ファッション業界での仕事を得ます。アンディは、ファッション業界で最も影響力のある女性の１人で、ランウェイの編集長ミランダ・プリストリーのアシスタントになります。ミランダは要求が多く、気難しい女性です。それでも、ミランダの果てしなく想像もできない程の要請に対処するため、アンディは一生懸命に働きます。しかしながら、アンディは四六時中仕事をし、彼氏や友人と過ごす時間がほとんどないことに、次第に気が付きます。ミランダのアシスタントであることが、彼女にとって本当に大切なものを失わせており、厳しい決断をする必要があることを彼女は悟ります。

7. ９行目の "24/7" に最も意味の近いものはどれですか。
   (A) 9:00 から 7:00 まで

(B) 年間で 247 日
○ (C) 一日中、毎日
(D) 月間で 247 時間

8. なぜアンディはランウェイ誌の仕事に応募しましたか。
   (A) 彼女はファッションデザイナーになりたいから。
   (B) 彼女はミランダ・プリストリーのために働きたかったから。
   (C) 彼女はファッション業界に関心があるから。
   ○ (D) 彼女は出版社の記者になりたいから。
9. この文章からわかることは何ですか。
   (A) アンディの仕事は彼女に多くの自由時間をもたらしている。
   ○ (B) アンディの彼氏は彼女とほとんど会わない。
   (C) アンディの友人も同様に忙しい仕事をしている。
   (D) アンディの上司ミランダはアンディの良き友人である。

文法・ボキャブラリーチェック

10. Why are you laughing? Is there something underline?
    なぜ笑っているのですか。何かおかしいですか。
11. These two things look exactly the same to me.
    これらの二つのものは、私にはまったく同様に見えます。
12. You think this has nothing to do with you.
    これはあなたとは何の関係もないと思っている。
13. You select that lumpy blue sweater, for instance.
    例えば、いかにもさえないブルーのセーターをあなたは選ぶ。
14. You're trying to tell the world that you don't care.
    あなたは気にしないことを世間に伝えようとしている。
15. This is not just blue. It's actually cerulean.
    これはただのブルーではない。セルリアンよ。
16. You are unaware of the fact that this sweater color is not original.
    このセーターの色はオリジナルではない事実にあなたは気が付いていない。
17. Oscar de la Renta did a collection of cerulean gowns in 2002.
    2002 年にオスカー・デ・ラ・レンタがセルリアンのドレス・コレクションを発表した。
18. It was Yves Saint Laurent who showed cerulean military jackets.
    セルリアンのミリタリー・ジャケットを発表したのは、イブ・サンローランだった。
19. Cerulean quickly showed up in the collection of eight different designers.
    セルリアンは、たちまち８人の異なるデザイナーのコレクションに登場した。
20. You, no doubt, fished it out of some clearance bin.
    あなたは、間違いなく、そこらの在庫一掃品のかごから探し出して買ったということよ。